ZANGYOU ZERO GA SUBETE WO KAIKETSU SURU
by Noboru Koyama
Copyright © 2016 by Noboru Koyama
Korean translation Copyright © 2018 by Bookocean, Inc.
All right reserved.
Original japanese language edition published by Diamond, Inc.
Korean translation rights arranged with Diamond, Inc.
through Tuttle-Mori Agency, Inc. in association with Tony International.

초판 1쇄 인쇄 | 2018년 6월 15일
초판 1쇄 발행 | 2018년 6월 22일

지은이 | 고야마 노보루(小山 昇)
옮긴이 | 윤지나
펴낸이 | 박영욱
펴낸곳 | 북오션

편　집 | 허현자
마케팅 | 최석진
디자인 | 서정희 · 민영선
삽　화 | 이정헌

주　소 | 서울시 마포구 월드컵로 14길 62
이메일 | bookrose@naver.com
네이버포스트 | m.post.naver.com('북오션' 검색)
전　화 | 편집문의: 02-325-9172　영업문의: 02-322-6709
팩　스 | 02-3143-3964

출판신고번호 | 제313-2007-000197호

ISBN 978-89-6799-366-5 (03320)

이 도서의 국립중앙도서관 출판예정도서목록(CIP)은 서지정보유통지원시스템
홈페이지(http://seoji.nl.go.kr)와 국가자료공동목록시스템
(http://www.nl.go.kr/kolisnet)에서 이용하실 수 있습니다.
(CIP제어번호: CIP2018014232)

'야근왕국' 대한민국, 노동생산성은 OECD 최하위!

야근 없는 회사가 정상이다

고야마 노보루(小山 昇) 지음 | 윤지나 옮김

북오션

'슈퍼 블랙 기업'이 어떻게
'슈퍼 화이트 기업'이 됐을까?

무사시노(武蔵野)에서 드디어 모습을 드러낸 '범죄자의 정체'

내가 주식회사 무사시노의 사장으로 취임한 것은 일본 거품경제가 최고조에 달했던 1989년이다. 당시 회사는 문제아들의 집합소 같았다. 학력도 대단해서 중졸이 두 명, 나머지는 모두 중졸에 가까운 고졸이었다. 간부 16명 가운데 다섯 명은 과거 폭주족이었다. 다마(多摩) 지역도쿄 도의 26개 시와 니시타마 군에 해당한다._역주을 꽉 잡고 있던 일명 칠공주파의 '짱'도 있었고, 세대를 초월한 전설의 특공대장으로 이름을 날린 사람도 있었다. 알로하셔츠하와이에서 유행한 화려한 프린트의 남성용 셔츠 _역주에 버뮤다팬츠남녀가 놀이용으로 입는, 무릎 위까지 오는 반바지 _역주 차림으로 출근했다가 영업차량을 타고 서핑을 즐기러 가는 직원도 있었다. 그뿐만이 아니다. 어처구니없게도 영업직원의 20퍼센트는 회사 비리에 연루돼 있었다. 회사 분위기가 마치 불량서클 같았으니 직원들이 일을 열심히 했을 리 없다.

그렇지만 그들이 유일하게 제대로 실력발휘를 할 때가 있었다. 그것은 과연 언제일까? 경쟁사와의 이른바 '나와바리 싸움(영역, 점유율 경쟁)'에서이다. 이제야 밝히지만 당시는 이런 날의 연속이었다. 경쟁사의 영업차량이 눈에 띄기만 하면 영락없이 장난을 쳤다. 우리 회사 차로 경쟁사 차를 전후좌우로 둘러싸 꼼짝 못 하게 하고, 경쟁사 영업직원이 나타나면 미행했다. 무사시노의 나와바리에 접근하려고 하면 "이쪽으로 한 발만 들여 놔 봐. 어떻게 되나 뼈저리게 알게 해 줄 테니까. 물론 지금 돌아서 그냥 가면 조용히 보내주지"라며 협박을 일삼았다.

경쟁사 사무실로 '야구'를 하자며 가는 직원도 있었다. 적진으로 쳐들어가 "여러분과 함께 야구나 할까 하고 왔습니다"라고 말하면서 야구 방망이를 마구 휘둘러 댔다. 그런 다음 "앞으로는 1000엔짜리 매트를 500엔에 파는 짓거리는 하지 마십시오! 내가 부탁했습니다!"라고 선전포고를 하곤 했다.

지금으로부터 25년 전의 일이기 때문에 시효는 만료됐지만, 어찌되었거나 당시 우리 회사는 과격분자들의 소굴이었다. 보통의 사장이었다면 아마도 '이러다 경찰서에 맨날 불려 다니는 거 아냐? 범죄자가 나오면 어쩌지?' 하면서 전전긍긍했을 것이다.

그런데 나는 당시 눈 하나 깜빡하지 않았다. 왜냐하면 나야말로 회사에서 둘째 가라면 서러운 과격분자였기 때문이다. "경쟁사 대책은 무사시노의 고객을 지키기 위한 것!"이라는 궤변을 늘어놓으면서, "경찰서에 가게 되면 빼내 줄 테니 걱정 말고 경쟁사를 밟아라"라며 직원들을 부추겼던 것이 다름 아닌 사장인 나였다.

점유율 쟁탈을 위해서는 어떤 짓도 마다하지 않았지만(우리도 경쟁사로부터 비슷한 일을 당했다), 우리 회사 직원이 경찰에 체포되거나 경쟁사로부터 소송을 당하는 일은 없었다. 당연히 범죄자도 나오지 않았다. 과거에 폭주족이기는 했지만 바보는 아니었기 때문에, 해도 될 일과 해서는 안 될 일을 잘 알고 있어 모두 그 선만큼은 넘지 않았다. 그런데 딱 한 사람 범죄에 손을 댄 인물이 있었다.

무사시노는 일본경영품질상(공익재단법인 일본생산성 본부가 만든 기업 표창제도. 무사시노는 일본 최초로 두 차례 수상) 도전을 계기로(1997년), 직원 교육에 더욱 힘을 쓰면서 크게 바뀌었다. 그래서 지금은 비겁한 수법을 쓰거나 완력을 행사하는 일은 없다.

그런데 이 인물만큼은 몇 년 전까지도 범죄를 계속 저질러 왔다. 그 인물은 과연 누구일까? 이제 와 무엇을 감추겠는가? 그는 다름 아닌 무사시노의 사장, 고야마 노보루이다. 바로 내가 범죄를 계속 저지르고 있었다.

직원들의 야근을 용인한 죄

물론 범죄는 맞지만 형법이나 민법에 저촉되는 범죄를 저지른 것은 아니다. 나의 죄상(罪狀)은 말하자면 '직원들의 야근을 용인한 죄'다. 그런데 당시 나에게는 '범죄를 저지르고 있다'는 의식이 없었다. 왜냐하면 '야근은 줄일 수가 없다', '직원이 늦게까지 일하는 것은 당연하다', '야근을 줄이면 회사의 이익도 준다'고 착각하고 있었기 때문이다.

그런데 이런 생각은 완전히 잘못된 것이었다. 야근이 늘면 인건비와 고정비가 늘어 회사 경영을 뒤흔든다. 야근이 늘면 소송 리스크가 높아진다(→167쪽에 음식점의 실례에서 설명). 야근이 늘면 직원의 건강을 해친다. 야근이 늘면 신입사원들이 자꾸 그만둔다.

나는 회사와 직원 모두에게 큰 리스크를 지우면서 야근을 없애려는 노력은 전혀 하지 않았다. '직원들의 야근을 용인한 죄'라는 죄상은 없지만 이는 범죄나 다름없다. 나는 항상 경영컨설팅 회원사(무사시노가 컨설팅하고 있는 회사)들을 모아놓고 "사장의 무지는 범죄다"라고 역설해 왔는데, 정작 나는 죄를 짓고 있었으니 부끄러울 따름이다.

더스킨 사업부＝블랙 사업부

1990년대의 무사시노는 칠흑 같은 암흑 속을 헤매던 '슈퍼 울트라 블랙기업'고용 불안 상태에서 일하는 청년 노동자들에게 저임금과 장시간 노동 등 불합리한 노동을 강요하는 기업 _역주이었다. 우리 회사의 구키노 아쓰노리(久木野 厚則) IT 솔루션 사업부장과 고바야시 데쓰야(小林 哲也) 더스킨Duskin, 청소 용품, 청소 서비스 전문 업체이자 미스터 도넛의 사업 본부이기도 하다. _역주 클린 서비스 사업부장은 입사 초기 우리 회사의 기업 체질에 자기의 눈을 의심했다고 한다.

"무사시노에 면접 보러 왔던 날을 지금도 선명하게 기억하고 있습니다. 그래도 청소 회사인데 너무 더러워서 놀랐고(웃음), 현관 양 옆에서 직원 대 여섯 명이 무리지어 있었는데, 하나 같이 머리에 라인을 넣어 깎아 또 한 번 놀랐습니다."(구키노 부장)

"입사 첫날 첫 임무가 경쟁사를 미행하는 일이었습니다(웃음). 경쟁사 영업직원이 무사시노의 구역으로 들어올라 치면 "저리 꺼져!"라고 말하는(위협하는) 것이 제 일이었습니다."(고바야시 부장)

구키노 부장과 고바야시 부장이 입사 후 처음 발령 받은 더스킨 사업부의 별명은 '블랙 사업부'였다. 구인 광고에는 주 5일제 9~17시 근무로 돼 있었지만, 실제로는 편의점 세븐일레븐의 처음 오픈 당시 영업시간(7~23시)을 훌쩍 넘어, 주 6일제 오전 7시~다음 날 새벽 1시 근무가 일상이었기 때문이다.

처음에는 아르바이트로 입사했던 구키노 부장은 곧 바로

블랙 사업부 군단의 사병이 됐다.

"하루에 방문해야 하는 고객 수가 장난이 아니었습니다. 많을 때는 하루에 170곳이나 돌아야 했습니다. 경쟁사의 영업직원 중에는 하루에 10~20곳밖에 돌지 않는 사람도 있었으니까, 그와 비교하면 무사시노는 미쳤던 거죠(웃음). 주 5일제 9~17시 근무로 알고 입사했는데, 아침 7시에 출근해서 새벽 1시쯤 집에 가는 날도 정말 많았습니다. 나중에 루트 세일즈route sales, 일정한 고객을 정해진 순서로 돌아가면서 판매하는 방법 _역주에서 신규 파트(인터넷 프로바이더 파트)로 발령 났을 때는 '이제 심야 야근은 안 해도 되겠군'이라고 생각했는데 웬걸요. 거기는 한술 더 떠서 회사에서 밤을 새는 날이 많았습니다. 이불도 없어서 박스를 펴서 그걸 깔고 자곤 했습니다."(구키노부장)

밴드를 꾸려 록 스타를 꿈꿨던 고바야시 부장은 음악 사무실이 해체되면서 무사시노에서 일하게 됐다. 기타 대신 빗자루를 잡게 된 고바야시는 무사시노에서 기합과 근성의 진정한 의미를 깨달았다고 한다.

"무사시노에 꿈은 없었습니다(웃음). 제 상사는 너무 친절하셔서 제가 질문을 하면 언제나 돌아오는 대답은 "입 닥치고 그냥 해!"였습니다(웃음). 못 견디고 나가는 직원들도 많았는데, 그만두는 것을 선배가 알면 무슨 일을 당할지 몰라(웃음), 모두 아무 말 안 하고 줄행랑을 쳤습니다. 말하자면 야반도주를 한 거죠. 그런데 상황이 그런데도 저는 이상하게 그만 둘 생각은 하지 않았어요. 당시 무사시노는 마치 동아리 같은 분위기여서 그만두지 않고 남아 있는 직원들 사이에는 일체감도 강했기 때문에 근무 시간이 길어도 재미있었습니다. 사장님이 솔선해서 경쟁사를 '밟아주는' 회사가 세상천지 어디에 또 있겠습니까?"(고바야시 부장)

어째서 야근은 '범죄'인가?

그런데 왜 야근은 '범죄'일까? 왜 반드시 야근은 없애야만 할까? 그 이유는 1장에서 자세히 설명하기로 하고, 단적으로 말하면 지금 시대에는 득이 되는 것이 하나도 없기 때문이다. 일본 후생노동성이 발표한 2016년 6월의 유효구인배율계절 조정치, 구인자 수를 구직자 수로 나눈 수치 _역주은 1.37로 높은 수준이다(도쿄도만 2.05). 고용 환경은 구직자에게 유리한 시장으로 바뀌면서 큰 변화를 맞고 있다. 지금까지는 직원이 나가면 새로운 사람을 고용하면 된다는 인식이 강했지만, 구직자가 유리해진 지금 중소기업들은 채용난을 겪고 있다. 그렇다면 우수한 직원의 정착률을 높이고 향후 새로운 인재를 확보한다는 차원에서 더 늦기 전에 인사 시스템을 뜯어고쳐야 한다.

그리고 신입사원들의 트렌드도 변하고 있다. '유토리 세대'여유'라는 뜻으로, 입시 부담 감소를 이유로 시간과 내용이 대폭 축소된 교육을 받은 1987–1996년 사이에 태어난 세대 _역주' 이전에는 월급을 많이 주는 회사가 좋다고 생각하는 학생들이 많았다. 그러나 유토리 세대 이후부터는 월급은 적당하면 됐고 개인 시간이 많은 회사가 좋다고 생각하는 학생이 늘고 있다. 실제로 2016년 마이나비일본 취업 정보 업체 _역주 신입사원 의식 조사에서는 '사생활 우선'이 2011년 조사 이래 가장 높은 56.6퍼센트를 차지했는데, 과거 6년 동안 13퍼센트 이상 증가했다. 야근과 휴일 출근이 많은 회사는 학생들에게 인기가 없고, 야근과 휴일 출근이 많으면 신입사원들의 이직률을 높이는 원인이 된다.

세상과 고객들은 항상 변화하고 있다. 그리고 그 변화 속도는 해마다 빨라지고 있다. 내가 2014년부터 야근 문제에 이토록 저돌적으로 힘을 쏟는 이유는 과거의 감각만 믿다가는 중소기업은 살아남을 수 없다는 것을 깨달았기 때문이다. 변화에 대한 대응만이 기업이 살 길이다. 시대에 맞춰 회사를 바꾸지 않으면 학생뿐 아니라 종업원, 고객들로부터 외면당하고 말 것이다.

단 한 달 만에 200시간 단축! '슈퍼 블랙'에서 '슈퍼 화이트'가 되기 위한 방법

과거의 나는 직원들에게 야근을 용인한 "범죄자"였다. 지금은 아니라고 당당히 말할 수 있는 것은 과거의 죄를 속죄하기 위해 모든 방법을 총동원해 야근을 줄이기 위해 노력하고 있기 때문이다. 2013년까지 우리 회사의 야근 시간은 직원 1인당 월 평균 76시간이었고, 월 100시간 가까이 야근하는 직원도 여섯 명이나 있었다. 그런데 회사의 야근이 느는 것은(또는 줄지 않는 것은) 직원들 탓이 아니다.

이는 사장의 책임이다. 사장이 "우리 회사는 일손이 부족해 야근은 불가피하다", "지금 상태로는 시간 외 근무는 어쩔 수 없다"고 단정 짓기 때문에 업무가 개선되지 않는 것이다. 야근을 줄이기 위해 사장이 제일 먼저 할 일은 '야근을

프롤로그

줄인다'는 방침을 정하는 것이다.

이를 깨닫게 된 나는 2015년도 경영계획 발표회에서 "이번 기에는 야근 시간 월 45시간 미만을 목표로 한다"로 발표했다. 평균 76시간이었던 야근 시간을 40퍼센트 단축해 45시간 미만을 실현하는 것은 보통 일이 아니었다. 직원들은 말할 것도 없고 발표한 나조차도 실현할 수 있을 것이라는 확신이 없었다.

직원들 사이에서는 "야근이 많은 것은 싫지만 적은 것은 더 싫다", "야근 시간 단축은 회사만 좋은 일 시키는 것일 뿐 직원들에게는 손해다"라고 생각하는 직원들도 있었다. 그 이유는 야근이 줄면 야근 수당과 휴일 출근 수당이 줄기 때문이다(→47쪽). 그래서 나는 왜 야근을 줄여야만 하는지에 대해 직원들에게 기회가 있을 때마다 설명했다. 그리고 야근이 줄어도 받는 월급은 줄지 않는(또는 느는) 구조를 만들었다. 그 결과 내 예상을 크게 웃도는 성과를 얻을 수 있었다. 놀랍게도 야근 시간이 당초 목표였던 45시간보다 무려 10시간이나 단축된 평균 35시간, 즉 절반 이하로 준 것이다.

가사 대행 서비스, 방문 개호 서비스를 제공하는 '홈 인스테드 사업부'에서는 유이 히데아키(由井 英明) 본부장의 지휘

하에 전달 대비 200시간 야근 단축에 성공했다(2016년 6월
과 7월 비교/전 8 스테이션 합계). 겨우 한 달 만에 야근을 200
시간이나 단축할 수 있었던 것은 '지금까지와는 다른 사고방
식'과 '지금까지와는 다른 방식'으로 업무 개선에 힘 쓴 결과
였다.

홈 인스테드 사업부가 실시한 주요 시책

- 전 종업원에게 태블릿 PC를 지급해 정보 공유와 필드
  (현장)의 효율화를 꾀한다.
- 매일 아침 미팅에서 종료 시간과 퇴근 시간을 확인한
  다음 역산해 일상 업무 대책을 공유한다. 종료 시간을
  정하면 그 시간까지는 무조건 일을 끝내야 한다는 의식
  이 강해져 집중력과 긴장감을 가지고 일할 수 있다.
- 야근은 신고제로 상사의 허가 없이 야근을 해서는 안
  된다. 야근하는 이유를 명시하도록 하면 '일하는 척' 하
  는 일이 사라진다.
- 하지 않아도 되는 일을 정한다. 그날 끝내지 않아도 되
  는 업무는 '익일'로 넘겨도 된다.
- 매월 실행 계획 미팅을 열어 어떻게 하면 야근을 줄일

수 있을지에 대해 종업원들끼리 이야기하는 시간을 갖고 그 결과를 업무 개선에 반영한다.

'야근 제로'는 신규 졸업자 채용 시 가장 강력한 무기

야근이 줄자 직원들의 이직률도 낮아졌다. 우리 회사는 직원 210명(총 종업원은 약 850명) 가운데 과장급 이상이 70명이 넘는다. 70명 이상인 관리직 중에서 과거 7년 이내에 퇴사한 사람은 야기사와 마나부(八木澤 學) 과장 한 명뿐이다. 그런데 야기사와 과장도 다시 돌아왔기 때문에 실제로는 한 명도 없다. 신규 졸업자는 2014년도에 15명 채용했고 이 가운데 1년을 채우지 못 하고 그만둔 직원은 단 한 명뿐이다(회사에 불만이 있었던 것은 아니고 질병으로 인한 퇴직).

2015년도에는 채용한 25명 가운데 단 한 명도 퇴사하지 않았다. 채용을 총괄하는 고미네 아쓰시(小嶺 淳) 본부장은 입사 당시의 무사시노와 지금의 무사시노는 완전 딴판이라고 말한다.

"지금의 노동 환경은 제가 14년 전 입사했을 당시와 비교하면 하늘과 땅 차이입니다. 저는 현재 신규 졸업자 채용 업무를 맡고 있는데, 요즘 젊은 사람들은 월급보다 휴가를 우선하는 경향이 있습니다. 이런 젊은이들의 관심을 받으려면 휴일 근무와 야근이 적은 회사로 만들어야 합니다.

본격적으로 야근 단축에 나선 후로 무사시노에 대한 학생들의 관심이 높아진 것은 분명합니다. '야근 단축'은 신규 졸업자를 채용하는 기업에게는 '가장 큰 무기'라는 점을 실감하고 있습니다."(고미네 본부장)

예전에는 주 6일제에 아침 7시부터 다음날 새벽 1시까지 근무하는 것이 당연했던 '블랙 사업부'가 지금은 '화이트 사업부'로 탈바꿈해, 앞서 언급한 고바야시 부장과 구키노 부장은 "믿기지 않는다"며 고개를 절레절레 흔들 정도로 노동환경이 개선됐다. 그리고 '도망'가는 것 이외에는 퇴사할 방법이 없었던 무사시노가 현재는 직원들이 떠나지 않는 회사로 변모했다.

단 2년 여 만에 1억 5000만 엔 절감!

역대 최대의 수익을 기록하면서 인건비는 대폭 절감

우리 회사는 야근 개혁 전과 비교하면 인건비를 직원 기준 1억 엔, 파트타이머와 아르바이트까지 포함하면 1억 5000만 엔 절감에 성공했다. 일반적으로 노동 시간이 짧아지면 그만큼 매출과 이익도 같이 줄 것이라고 생각하기 쉬운데 우리 회사는 달랐다. 오른쪽 표에서 알 수 있듯이 2014년 3월의 월 평균 야근 시간은 57시간 18분이었는데, 2016년 7월은 24시간 41분으로 56.9퍼센트나 단축됐다. 그럼에도 불구하고 이 기간 동안 매출 상승률은 123.8퍼센트였다. 야근을 줄이면 줄일수록 업무가 개선돼 역대 최대의 매출과 이익을 기록했다. 경상이익은 5억 엔이 됐다(판매 촉진비를 6억 엔 썼기 때문에 실질적인 경상이익은 11억 엔).

■ 무사시노의 평균 야근 시간과 매출의 추이

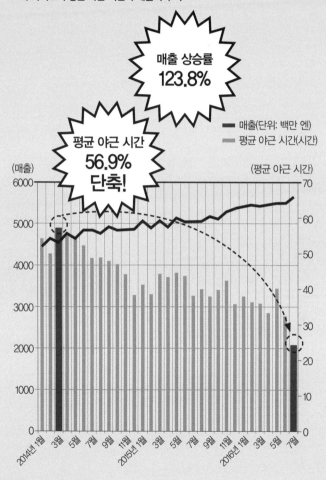

다시 말해 역대 최대의 매출과 이익을 기록하면서도 인건비는 큰 폭으로 줄어든 것이다. 이 기간 동안 해고 등과 같은 구조조정은 전혀 없었다. 동시에 종업원들의 가처분소득이 가능한 줄지 않도록 야근 단축의 일정 기준을 채운 파트타이머에게는 상여금을 두 배로 주거나 직원들의 기본급과 상여금을 인상했더니 이직률도 큰 폭으로 떨어졌다.

점점 일찍 퇴근하는 사람들이 늘자 직원들끼리 함께 술을 마시러 갈 시간이 생겨 소통이 좋아졌고, 몸도 건강해지고 마음에도 여유가 생겨 가족들과 시간을 보낼 수 있는 환경이 됐다. 이런 일은 내가 사장으로 취임한 이후 28년 동안은 상상도 할 수 없는 일이었다.

솔직히 말하면 야근 개혁을 시작하기 2년 전에는 이렇게까지 잘 될 것이라고는 생각지 못 했다. 그런데 "무슨 일이 있어도 한다!"고 선언하자 직원들끼리 의기투합해 단기간에 결과가 나타났다. 무사시노에서 성공한 사례를 다른 업종의 기업들에도 알려줬더니 성공 사례가 잇따라 나오기 시작했다(이 책에서는 야근 단축을 추진한 다양한 기업들을 소개한다).

야근 제로가 답인 이유

야근 제로에 의식과 행동을 집중하면 "일석칠조"의 효과를 얻을 수 있다.

즉, 야근 제로는 모든 것을 해결해주는 답인 것이다.

1) 매출, 이익 역대 최고치 기록
2) 극적인 생산성 향상으로 인건비 격감
3) 직원들의 사기 고조로 사내 활성화
4) 마냥 굼뜨던 직원이 빠릿빠릿해진다
5) 신규 졸업자 채용 시 최대의 무기가 된다
6) 직원들이 떠나지 않는 회사로 바뀐다
7) 밝고 건강해져 가정이 원만해진다

야근을 줄이는 성공의 열쇠는 '사장의 의지'와 '시스템'이다. 사람을 구하기 힘들어진 지금, 기존의 회사 틀에 젊은이들을 억지로 꿰맞추려고 하면 실패한다. 이제는 젊은이들의 트렌드에 회사가 맞춰가야 한다. 이것이 바로 시스템을 정비하는 비결이다.

일찍이 우리 회사는 경쟁사들로부터 "무사시노를 능가하

는 블랙기업은 없다", "주식회사 블랙기업"이라는 야유를 들어왔다. 그랬던 무사시노가 지금은 슈퍼 화이트기업으로 다시 태어났다.

앞으로 순식간에 몰려올 '야근 제로'의 파도

고이케 유리코(小池 百合子) 도쿄 도지사는 "저녁 8시 전 직원 퇴근을 도청의 새로운 규칙으로 삼겠다"고 선언했고, 많은 은행들도 8시 퇴근을 추진하는 등 야근 제로의 움직임은 이미 시작됐다. 게다가 덴쓰電通, 일본의 대형 광고회사 _역주의 신입 여직원의 과로 자살을 계기로 장시간 노동으로 인한 역풍은 앞으로 점점 더 심해질 것이다.

야근 제로는 앞으로 행정기관과 민간 기업으로 급속도로 확산돼 갈 것이다. 지금 당장 야근 제로를 향해 첫 걸음을 떼는 기업과 그렇지 않은 기업은 1년 후 차이가 크게 벌어져 도저히 채울래야 채울 수 없는 격차의 쓴 맛을 경험하게 될 것이다. 나중에서야 "아, 그때 할 걸…" 하고 후회해봤자 이미 때는 늦는다.

시대의 변화는 당신 회사의 사정을 봐주지 않는다.

시대의 변화는 당신 회사의 사정을 가차 없이 외면할 것이다.

'언젠가는 해야지'라고 생각한다면 지금 당장 시작해야 한다!

"사장님! 손을 쓸 수 있는 것은 지금밖에 없습니다!"

이 책은 현장의 생생한 목소리를 그대로 전달하기 위해 무사시노뿐 아니라 요식업체, 각종 제조업체, 부동산 임대회사, 건설업체, 중고품 전문업체, 장의업체, 물류업체, 가스 판매업체, 약국 체인, 일본 전통 종이 가공업체, 세무사법인, 성인 오락실(파친코 매장) 운영업체, 수처리업체, 자동차 정비업체, 안경용품 판매업체, 중고 PC 판매업체, 연료업체, 청소업체(빌딩 관리) 등 일본 전국의 32개사의 야근 단축(일찍 퇴근하기) 대책과 의자 없애기 개혁 등 종업원들의 노동 환경이 극적으로 개선되는 포인트를 알기 쉽게 소개한다.

나 한 사람의 시각뿐 아니라, 무사시노의 파트타이머, 아르바이트, 직원들의 목소리와 현장의 최전선에서 고군분투 중인 경영자의 희로애락이 담긴 목소리가 가감 없이 담겨 있어 다음 단계로 넘어가는 데 도움이 될 만한 힌트를 얻을 수 있을 것이다.

나는 지금까지 저서나 세미나를 통해 "모방이야 말로 최고의 창조"라고 말해 왔다. 이 말에 "아무리 그래도 무사시노와 우리 회사는 업무 내용이 다르기 때문에 따라 하기 어렵습니다", "저와 고야마 사장님과는 처한 상황이 달라서 흉내 못 냅니다", "회사 규모나 매출이 달라서 별로 참고가 되지 않습니다" 등과 같은 반응이 많았다.

하지만 직원들 입장에서는 제조업이냐, 소매업이냐, 요식업이냐, 서비스업이냐는 아무런 상관이 없다. 그게 어떤 업종이든 일을 하고 월급을 받는 것은 매한가지이기 때문이다. 어떤 업종에서 일하든 월급과 휴가, 상사에 대한 불만은 누구에게나 있다. 다른 점이 있다면 그것은 다루는 상품(서비스) 한 가지뿐이다. 업종과 상관없이 경영의 원리 원칙은 같기 때문에 우리 회사와 이 책에서 소개하는 각 기업들의 대책이 분명 여러분에게도 도움이 될 것이라 확신한다.

마지막으로 집필을 도와주신 클로로스CHLOROS, 출판물업체 _역주의 후지요시 유타카(藤吉 豊) 씨와 재미있는 기획을 제안해주신 다이아몬드사의 데라다 요지(寺田 庸二) 씨에게 진심으로 감사드린다.

주식회사 무사시노 대표이사 사장 고야마 노보루

【일러두기】
이 책 원서 《殘業ゼロがすべてを解決する》의 제목과 본문에서 사용된 '잔업(殘業)'은 한국 독자들에게 익숙한 '야근(夜勤)'으로 표현하였습니다.
또한 일본과 한국의 법정 근로시간 등 법 규정의 여러 차이가 있으니 참고하시기 바랍니다.

프롤로그

프롤로그

'슈퍼 블랙 기업'이 어떻게 '슈퍼 화이트 기업'이 됐을까?   4

chapter 01

야근을 방치하는
사장은 범죄자다

1. 야근이 줄고 안 줄고는 '사장의 결단'에 달렸다   32

2. 야근을 반드시 줄여야 하는 4가지 이유   36

3. 직원들은 야근이 있는 회사와 없는 회사 중
   어느 쪽을 좋아할까?   47

4. 미적미적 회사에 남게 되는 4가지 이유   51

chapter 02
지금 바꾸지 않으면
기다리는 것은 '지옥'뿐!

1. 경영은 '환경 적응업'이다   58

2. 변화를 원한다면 '풍경'을 없애라   61

3. 타 업계의 성공 사례를 그대로 모방한다   75

4. 업계의 악습에서 벗어나 시대에 맞는
   새로운 근무 형태로의 개혁   78

5. 생산성 향상에 인건비를 아끼지 마라   96

6. 중요한 것은 시작 시간과 종료 시간   102

7. 아날로그와 디지털을 적절히 활용한다   114

8. 야근을 줄이고 싶다면 IT 투자를 아끼지 마라   119

9. 투자를 주저하면 장기적인 이익까지 잃게 된다   126

chapter 03
놀라운 성장률·경비절감을
가져온 '야근 제로' 대책 9가지

1. 상용 고용자에게 아이패드를 지급해 '공중전' 펼치기   133

2. 네트워크 카메라를 설치해 영업소 내를 모니터링 한다   138

3. 21시부터 4시까지 사내 네트워크 접속 금지   141

4. '사무실 문 닫힌 시간'을 확인해 발표한다   147

5. 휴일에 일할 때는 사전에 대체 휴가를 신청한다   154

6. 단순하고 생산성이 낮은 일은 아웃소싱한다   157

7. 기획서는 장황하지 않게   160

8. 환경 정비를 철저히 해 불필요한 업무를 없앤다   164

9. 조직 횡단적인 '일찍 퇴근하기 추진팀'을 만들어
   개선 속도를 올린다   175

chapter 04

왜 '의자'를 없애면
야근이 줄까?

1. 사장과 영업직에게 의자는 필요 없다 184

2. 회사에서 의자를 없애면 좋은 점 4가지 190

chapter 05

퇴사하지 않는
직원 육성법

1. 무사시노의 신입사원들이 회사를 떠나지 않는 5가지 이유 200

2. 직원 교육을 담당하던 우수 직원이 퇴사하면
   회사에는 '득'이다? 212

3. 더블 캐스팅으로 직원층을 두텁게 만들자 215

4. 강한 직원으로 키우려면 일찍부터 '양'을 할당한다 219

권말 스페셜 잘 나가는 회사의 '사장 32명'이 공개하는
          '야근 제로' 비책 5가지 224

에필로그 사람을 소중히 하는 회사가 살아 남는다 230

chapter 01

야근을 방치하는 사장은 범죄자다

1. 야근이 줄고 안 줄고는 '사장의 결단'에 달렸다

야근을 방치하는 사장은 '범죄자'!

회사는 사장의 결단에 달려 있다. 야근을 줄이려면 '야근을 방치하는 사장은 범죄자나 다름없다'는 생각으로 야근을 줄이겠다는 결단을 내려야 한다. 어떻게 야근을 줄일지 구체적인 대책에 대해서는 차차 생각해도 좋으니 우선 줄이겠다는 결단부터 내려야 한다. 사장이 어떤 회사로 만들지 명확히 하지 않으면 회사는 바꿀 수 없다.

지역 밀착형 장의전문업체인 주식회사 마키노사이텐(マキノ祭典)(도쿄)의 마키노 마사요시(牧野 昌克) 사장도 야근 문제

에서는 사장의 결단이 절대적으로 필요하다고 역설한다.

"야근 문제뿐 아니라 회사를 변화시키는 일은 사장 스스로 '무슨 일이 있어도 반드시 한다!'는 의지가 없으면 절대 성공할 수 없습니다."(마키노 사장)

장의업체는 기본적으로 1년 365일 24시간 체제이기 때문에 숙직이 필요하다. 야간에 의뢰가 들어오지 않더라도 숙직을 한 직원에게는 수당을 지급해야 하기 때문에 인건비가 든다. 그뿐만 아니라 직원들의 건강에도 부담을 준다. 숙직은 모든 장의업체가 안고 있는 큰 과제이다.

"저도 한 달에 한 번은 숙직을 합니다. 그 이유는 숙직을 하지 않으면 현장을 알 수 없기 때문입니다. 실제로 저도 숙직을 해 보면 쉽지 않다는 것을 느낍니다. 밤중에 수없이 걸려오는 고객 전화에 응대하다 보면 직원들의 고충을 실감합니다. 그 고충을 알아야 '무슨 일이 있어도 개선해야 된다', '궁극적으로는 숙직을 없애야 한다'는 결단을 내릴 수 있습니다."(마키노 사장)

현재 마키노사이텐에서는 야근과 숙직을 줄이기 위한 노력을 시작했다.

"아직 완벽하지는 않지만, '탄력근무제(flexitime)'를 도입해 장례식장에서 밤샘 근무한 당일은 오후 출근으로 한다', '창고 등을 IT화해 사무업무를 효율화한다', '직원과 파트타이머의 업무 분장을 재정비한다' 등과 같은 노력을 통해, 근무 시간이 길어지지 않도록 신경을 쓰고 있습니다. 그리고 장기적으로는 야간 전담팀 발족, 야간 운반의 아웃소싱화 등도 검토하고 있습니다."(마키노 사장)

'슈퍼 울트라 블랙 기업'에서 '로맨스그레이 기업'으로

중고품 전문 업체인 주식회사 프리마베라는 군마(郡馬)현을 중심으로 중고품 매장을 여럿 운영하고 있는 업체이다. 요시카와 미쓰히데(吉川 充秀) 사장은 야근을 없애려면 사장의 결의를 숫자로 제시할 필요가 있다는 생각에 경영 계획서에 숫자를 명시했다.

"예전에는 월 100시간 이상 야근하는 직원도 있던 슈퍼 울트라 블랙기업이었습니다. 그래서 저는 2년 전에 결단을 내리고 경영 계획서에 월 100시간 이상 일을 해서는 안 된다고 명문화했습니다."(요시카와 사장)

그러나 요시카와 사장의 이런 결단에도 불구하고 처음에

는 야근이 좀처럼 줄지 않았다. 그래서 요시카와 사장은 야근 시간을 가시화해야겠다고 마음먹었다.

"한 달에 100시간 이상 일한 직원을 모두 공개하기로 했습니다. 점장 회의 때 "이 달 100시간 이상 근무자는 누구, 누구, 누구다!"라고 이름을 대문짝만하게 써서, 말이 조금 과격합니다만, 이른바 공개처형을 했습니다(웃음). 그리고 해당 직원에게는 개선 계획서를 제출하도록 했습니다. 그랬더니 창피 당하기도 싫고 개선 계획서도 쓰기 귀찮았던지 100시간이 넘지 않도록 업무 처리 방식을 고민하기 시작했습니다. 두 달 연속 공개처형당한 직원은 거의 없습니다."(요시카와 사장)

사장의 결단을 숫자로 제시하고 이것이 지켜지는지 철저히 확인한 끝에 프리마베라의 노동 환경은 개선됐다.

"아직 화이트 기업이 됐다고 단언하기는 어렵습니다만, 화이트와 블랙의 중간인 '로맨스그레이 기업' 정도는 된 것 같습니다."(요시카와 사장)

이후 대대적인 야근 개혁을 통해 2016년 10월 현재, 월 평균 야근 시간이 놀랍게도 45시간으로 줄었다.

2. 야근을 반드시 줄여야 하는 4가지 이유

경영자를 덮칠 4가지 쇼크

리먼 사태2008년 9월 15일 미국 투자은행 리먼브라더스 파산에서 시작된 글로벌 금융 위기를 칭하는 말 _역주, 동일본 대지진2011년 3월 11일 일본 도호쿠(東北) 지방에서 발생한 일본 관측 사상 최대인 규모 9.0의 지진 _역주, 구마모토(熊本) 지진2016년 4월에 발생한 규모 7.3의 강진 _역주, 소비세 인상, 엔화 강세 및 약세, 저출산 고령화, 시장의 성숙화 등 최근 몇 년 동안 앞이 보이지 않는 상황이 계속되고 있다. 그런 상황에서도 사장은 시대가 앞으로 어떻게 변화해 갈지 내다보고, 시대의 변화에 맞춰 회사를 꾸리고 변화시켜 나가야 한다. 중소기업이 야근을 줄여야 하는 이유도 시대의 변화에 대처하기 위해서이다.

나의 시대 인식으로는 지금 중소기업을 둘러싼 경영 환경은 다음의 네 가지 이유에서 큰 변화를 맞고 있다고 보고 있다.

① 소비세 인상에 따른 고용, 채용의 변화
② 신규 졸업자들의 트렌드 변화
③ 월 45시간 이상 야근은 법령 위반
④ 직원의 건강을 중시하는 사회 분위기

① 소비세 인상에 따른 고용, 채용의 변화

일본 정부가 소비세 인상(2014년 4월)을 계기로 국채를 다시 사들여 자금이 시중으로 흘러들어가면서 주가가 상승했다. 그리고 증세로 공공 투자가 늘었고 이에 따라 공공사업을 중심으로 고용도 함께 늘었다. 그런데 일은 늘었는데 인력 부족 문제가 대두됐다. 인력 부족 문제를 야기한 원인은 두 가지이다. 한 가지는 신생아 수보다 사망자 수가 늘어 인구가 감소하고 있다는 점이다. 또 한 가지는 최저임금 상승으로 취직자리 선택지가 늘어 구직자가 유리해진 점이다.

지금까지는 직원이 그만두면 다시 뽑으면 된다는 인식이 강했다. 하지만 앞으로는 다르다. 직원이 회사를 나가면 그 다음은 없다. 소비세 인상을 기준으로 '사람이 나가도 다음이 있는 시대'에서 '사람이 나가면 다음은 없는 시대'로 바뀌었다.

직원이 한 명 퇴사해 구인을 해도 지원자가 모이지 않으면 남아 있는 사람들의 부담이 커져 조직은 피폐해진다. 일에 지쳐 또 다른 직원이 회사를 그만두는 악순환의 종착역은 도산이다.

사람을 소중히 하지 않는 회사는 살아남지 못한다

소비세가 오르기 전까지는 영업 전략이 좋은 회사나 판매력이 있는 회사의 실적이 좋았다. 그런데 앞으로의 시대는 사람을 소중히 하는 회사가 살아남을 것이다. 시대는 변했는데 회사의 방침을 그대로 유지하고 과거에 얽매여 있어서는 회사가 잘 될 리가 없다.

우리 회사는 2014년까지는 입사한 지 5년 이상 된 직원이 그만 두겠다고 하면 절대 붙잡지 않았다. 그러나 지금은 정반대이다. 사람 구하기가 하늘의 별 따기이다 보니 5년 이상 근무한 직원이 그만두겠다고 하면 무조건 붙잡는다.

이렇게 방침을 180도 바꾼 이유는 시대가 180도 바뀌었기 때문이다. 인력 부족 문제를 해결하는 방법은 두 가지이다. 하나는 직원이 그만두지 않는 대책을 세우는 것이고, 또 한 가지는 업무 개선을 통해 지금 있는 직원들의 생산성을 향상시키는 것이다. 생산성이 오르면 1인당 노동 시간을 줄일 수 있다. 무사시노가 야근 시간을 줄이면서도 역대 최대의 이익을 달성할 수 있었던 것은 세상의 변화(일하는 사람들의 의식 변화)에 맞춰 회사 시스템을 바꿔 왔기 때문이다.

② 신규 졸업자들의 트렌드 변화

우리 회사는 직원을 채용할 때 공익재단법인 일본생산성본부가 제공하는 '에너자이저(energizer)'라는 도구를 이용해 적성 검사를 실시하고 있다. 에너자이저의 결과를 보면 이른바 '유토리 세대' 이후 학생들의 스트레스에 대한 내성은 해마다 저하되고 있다. 스트레스 내성이 플러스(=스트레스에 강하다)로 나온 학생이 거의 없다.

유토리 세대 이전에는 편하고 월급이 많은 회사가 좋다고 생각하는 학생이 많았다. 그러나 유토리 세대 이후부터는 편하고 휴가가 많은 회사가 좋다고 생각하는 학생이 늘었다. 이는 나도 실감하는 바인데, 에너자이저의 분석 결과도 같았다.

이렇게 월급보다 휴가를 우선하는 것이 지금 학생들의 트렌드이다. 그리고 ①의 고용·채용의 변화에서 설명했듯이 지금은 사람이 나가면 다음은 없는 시대이기 때문에, 사장은 신입사원이 회사를 그만 두지 않도록 매니지먼트를 해야 한다.

야근과 휴일 출근이 많으면 신입사원들은 버티지 못하고 금세 회사를 그만두고 말 것이다. 우리 회사는 여름휴가, 연말연시 휴가, 5월의 황금연휴 외에 1년에 한 번 3일 연속 휴가를 낼 수 있다. 3일 휴가제도는 신입사원들이 회식 자리에서 "솔직히 토, 일, 월 붙여서 3일 휴가를 낼 수 있었으면 좋겠습니다"라고 속내를 밝힌 것이 계기가 됐다. 나는 이 이야기를 듣고 바로 도입을 결정했다.

주식회사 나카무라(中村) 토목건설(아이치(愛知)현, 건설, 주택, 리모델링, 부동산 업체)의 나카무라 요시유키(中村 陽公) 사장도 야근 문제 해결을 위해 힘쓰고 있는데, 이러한 노력이 신입사원들이 회사에 정착하는 데 도움이 되고 있다는 것을 실감하고 있다.

"건설업이다 보니 블랙 기업으로 오해 받는 경우가 많습니다. 보통 힘들고 더럽고 월급이 적은 3D 업종으로 생각합니다. 예전에는 월급이 많았는데 요즘은 월급이 적습니다. 현장 감독 업무는 시간이 많이 소요돼 늦게까지 일을 하는 것을 당연시하는 풍조도 여전합니다.

신입사원들은 '토요일은 휴무'라고 생각하고 있다가 금요일 밤에 상사가 "토요일에도 일이 있으니까 나와"라고 하면 싫다고 못합니다. 마지못해 휴일에 출근은 하지만 속으로는 이런 상황을 매우 힘들어합니다. 그래서 입사한 지 1~2년 만에 회사를 그만두는 경우도 있습니다. 3, 4년 버티면 그때는 일의 재미도 알게 되지만 그때까지 버티지 못하는 것이죠."(나카무라 사장)

나카무라 사장은 젊은 사람들에게 매력적인 회사가 되려면 야근과 휴일 출근을 줄여야 한다는 생각에 야근 사전 신고제, 야근의 가시화(화이트 보드에 직원들의 야근 시간을 적어 게시하는 것) 등을 도입했다.

"아직 성과는 나타나고 있지 않지만, 건설업은 야근은 어쩔 수 없는 곳이라고 단정 짓지 않고 일찍 퇴근할 수 있도록 계속 노력해 갈 생각입니다. 건설업계는 야근에 대한 인식이 낮습니다. 그렇기 때문에 더더욱 빨리 손을 써야 살아남을 수 있습니다. 시장은 축소돼도 사람이 잘 정착하는 회사가 되면 아직 기회는 있습니다. 경쟁사보다 먼저 야근이 없는 '매력적인 회사'로 만들어가고 싶습니다."(나카무라 사장)

고졸 직원은 성인이 될 때까지 봐주는 것이 정답

주식회사 간쓰(關通)(오사카(大阪)/종합 물류업체)는 e커머스전자 상거래 _역주와 통신 판매, B2B기업과 기업 사이에 이루어지는 전자상거래 _역주 고객을 대상으로 물류 서비스를 제공하는 회사이다.

간쓰에서는 매년 고졸 직원을 50명 채용하고 있는데, 다쓰시로 히사히로(達城 久裕) 사장은 '입사 후 2년 동안은 갓 졸업한 고졸 신입사원은 봐준다'는 방침을 세웠다. 다쓰시로 사장이 고졸 직원을 봐주는 것은 야근이나 휴일 출근을 강요하면 금세 그만두기 때문이다. 본사가 오사카인데 디즈니랜드 연수를 보내거나 회사에서 성인식을 해주는 등 즐겁게 일할 수 있는 환경을 조성하는 데 힘을 쏟고 있다.

"성인이 될 때까지는 아직 애라고 생각하고 있습니다. 그래서 고졸자는 야근 금지입니다. 정시가 되면 퇴근시킵니다. 지각이 많은 직원에게는 출근 시간을 늦춰주는 경우도 있습니다. 고졸 직원에게는 일의 즐거움을 느끼게 하는 것이 중요하기 때문에 2년 동안 힘든 일은 시키지 않습니다. 그 대신 만 20세가 되면 어엿한 직원이라는 자각을 가지고 일할 것을 요구합니다."(다쓰시로 사장)

고졸 직원들에게 대체로 관대하지만 직원 교육에는 많은 힘을 쏟고 있다. 고졸 신입사원에게는 신입사원 연수 프로그램을 진행하는 일명 '간쓰대학'에서 물류센터 업무뿐 아니라 예의범절까지 처음부터 교육한다. 이렇게 노력한 끝에 현재 간쓰 고졸자의 이직률은 전국 평균보다 훨씬 낮은 15퍼센트 대에 머무르고 있다.

③ 월 45시간 이상 야근은 법령 위반

앞에서 '2015년도 경영계획 발표회에서 "이번 기에는 야근 시간 월 45시간 미만을 목표로 한다"로 발표했다'고 밝혔는데, 굳이 45시간으로 정한 것은 신문에서 '월 45시간 이상 야근은 불법'이라는 판례가 실린 것을 봤기 때문이다. 판례가 나온 이상 45시간 이상 야근을 하는 회사는 직원들로부터 소송을 당하면 질 수밖에 없다. 그렇게 되지 않으려면 야근을 45시간 미만으로 단축해야 했다.

불법이라고 하는 근거는 노동기준법 제36조에 있다. 노동기준법 제36조는 보통 '36협정'이라고 하는데, 노동자에게 법정 시간을 초과해 일을 시킬 경우(야근을 시킬 경우) 미리 노동조합 또는 노동자 대표와 협정을 맺어야 한다는 취지의 조항이다.

36협정을 맺으면 직원들에게 야근을 시킬 수 있지만, 그렇다고 시간제한 없이 시킬 수 있는 것은 아니다. 36협정에서 정한 시간 외 노동 시간의 한도(일반 연장 한도)가 월 45시간이다(사업이나 업무 성격에 따라서는 예외적으로 36협정의 시간 한도가 적용되지 않는 업무가 있다).

④ 직원의 건강을 중시하는 사회 분위기

"범죄자"였을 무렵의 나는 직원들의 건강을 지켜야 한다는 개념자체가 없었다. 하지만 지금은 회사는 직원들의 희생을 전제로 운영해서는 안 된다고 생각한다. 직원들의 몸과 마음의 건강을 지키는 것은 사장의 책무이다.

무사시노는 기본적으로 '휴일 출근 금지'이다. 직원들은 휴일 출근이나 출장으로 수당을 받을 수 있으면 좋겠지만, 이 때문에 직원들이 건강을 해치기라도 한다면 이는 진정한 야근하기 싫으면서 왜 회사에 남을까?
일이 좋아서가 아니라 상사의 눈치가 보이기도 하고,
돈이 필요해서다.

행복이라고 할 수 없을 것이다. 고객의 사정으로 휴일에 출근해야 하는 경우는 사전에 대체 휴가를 신청해야 한다(신청이 없을 경우 수당은 지불되지 않는다).

우리 회사는 회식에도 규칙이 있는데, 이 또한 직원들의 건강을 지키기 위한 것이다. 우리 회사 직원들은 삼시 세끼보다 술을 더 좋아해서(웃음), 회사가 친목 모임에 쓰는 비용이 연간 2000만 엔이 넘는다. 회식 자리에서 회사의 중요한 내용이 결정되는 경우도 종종 있고, 직원들 간의 소통을 위해서도 회식은 중요하다. 그러나 과음으로 건강을 해칠 수 있기 때문에 무사시노에서는 '3차 금지일'이 정해져 있다. '3차 금지일'에 3차를 가면 반성문(시말서)을 제출해야 한다.

술자리를 좋아하는 직원들이 "그렇게까지 사장님한테 간섭받고 싶지 않다"고 불만을 토로하면 나는 이렇게 받아친다.

"그런 소리하지 말게. 자네들 건강을 걱정해 줄 사람은 나밖에 없지 않은가!"

직원들의 건강을 지키기 위해 사장이 직권을 쓰는 것은 남용이 아니다.

3. 직원들은 야근이 있는 회사와 없는 회사 중 어느 쪽을 좋아할까?

야근은 사장들만 싫어하지 직원들은 좋아한다

일반적으로 야근이 없는 회사가 좋은 회사라고 생각하지만, 현장(직원)의 생각은 다르다. 직원들 입장에서는 야근이 있는 회사가 좋은 회사이다. 왜냐 하면 야근을 하면 야근수당을 받을 수 있기 때문이다. 유토리 세대 이후 직원들은 '월급보다 휴가', '월급보다 빠른 퇴근'을 선호하지만, 유토리 세대 이전 직원들은 야근이 없어진다고 무조건 반기지만은 않는다.

야근이 너무 많아도 힘들지만 야근이 너무 적어도 힘들다는 게 그들의 솔직한 심정이다. 야근 시간이 줄면 야근 수당과 휴일 출근 수당이 줄어 결과적으로 연간 총 가처분소득(개인소득에서 세금 및 사회보험료 등을 뺀 실수령액. 실소득)이 줄기 때문이다. 야근 수당을 받으면 그만큼 가처분소득이 증가한다.

좀 더 이해하기 쉽게 설명하면 월급이 20만 엔인 사람이 200시간 야근을 하면 단순 계산으로 월급이 약 두 배(40만 엔)가 된다. 우리 회사 직원의 상당수는 야근 수당이 포함된 월급을 생활비라고 생각하고 있다. 그러니 야근 시간이 줄면(야근 수당이 줄면) 생활자체가 흔들리는 사활이 걸린 문제이다.

경영자가 꼭 알아야 할 것은 야근이 줄어드는 것은 회사에 좋은 일이지 직원들에게는 난처한 일이란 점이다. 직원들은 야근이 많은 것은 싫지만 가처분소득이 주는 것은 더 싫다고 생각한다. 그러니 야근을 줄이면 직원들은 회사를 떠날 수 있다. 따라서 직원들이 회사를 그만두지 않게 하기 위해서는 '야근 시간이 줄어도 가처분소득은 줄지 않는 구조'를 만들어야 한다.

그래서 우리 회사에서는 전년 같은 달보다 부하직원의 총 야근 시간은 줄었지만 실적은 떨어지지 않았으면 그 파트는 상여금을 늘리는 방식으로 가능한 가처분소득이 줄지 않도록 노력을 하고 있다(→88쪽).

직원들의 야근 상황을 정확히 파악해라

주식회사 제이포트(J-PORT, 오사카부)는 산업 폐기물 처리업체이다. 히노시타 시게루(樋下 茂) 사장은 야근 단축 대책을 추진하기 전에 직원들이 지금 어떤 가치관을 갖고 있는지, 야근이 있는 것을 좋아하는지 없는 것을 좋아하는지 파악하는 것이 중요하다고 말한다.

"'일이 많아 남아 있다'는 직원들의 말만 믿고 사람을 늘리면 일찍 퇴근하겠다 싶어 증원했는데, 야근을 자주 하는 직원들의 상당수는 그 이후에도 여전히 남아 있더군요(웃음). 경영자로서는 부끄러운 이야기지만, 직원들이 '일찍 퇴근하고 싶은 것인지', '어느 정도는 야근을 해서라도 돈이 필요한 것인지', '야근은 하고 싶지 않지만 하는 수 없이 늦게까지 일을 하는 것인지' 직원들의 생각을 알기가 쉽지 않습니다. 그래서 설문조사를 하거나 면담을 통해 왜 야근이 줄

지 않는지와 직원들에게는 어떤 사정들이 있는지 알아 봐야 합니다."(히노시타 사장)

주식회사 스에요시(末吉) 네임 플레이트 제작소(가나가와 (神奈川)현, 네임 플레이트 제작 업체)는 금속 플래이트, 실 인쇄(seal printing), 실크 인쇄를 중심으로 네임 플레이트를 개발, 제조하는 회사이다. 누마카미 마사노리(沼上 昌範) 사장도 '왜 야근이 많아지는지' 가시화해야 한다고 말한다.

"야근 시간을 줄이려면 업무를 가시화하는 것도 중요합니다. 왜 바빠지고, 왜 야근을 하는지 파악하지 않으면 효과적으로 손을 쓸 수 없습니다. 항상 바쁜 직원들은 일반적으로 일의 우선순위를 정하지 못하기 때문인데, 해결책으로 일하기 전에 먼저 A: 긴급히 처리해야 할 일, B: 긴급하지는 않지만 처리하지 않으면 곤란한 일, C: 중요하지 않지만 서둘러 처리해야 할 일, D: 해도 그만 안 해도 그만인 일 등 네 가지로 업무를 분류시킵니다. 제일 먼저 시작해야 할 일은 A인데, 야근을 하는 사람들은 A는 먼저 처리하지만 그 다음에 D를 하기 때문에 D를 중단시킬 필요가 있습니다."(누마카미 사장)

4. 미적미적 회사에 남게 되는 4가지 이유

야근하기 싫으면서 왜 회사에 남을까

앞에서도 언급했듯이 우리 회사 직원들은 야근이 '있는' 회사가 좋은 회사라고 생각한다. 그러나 그들이 야근을 하는 것은 일이 좋아서가 아니라 돈이 필요해서다. 야근을 하든 안 하든 가처분소득에 변화가 없거나, 야근 시간이 줄어도 지금과 비슷한 수준의 월급을 받을 수 있다면 굳이 야근을 하려는 사람을 없을 것이다.

야근을 하는 가장 큰 이유는 돈이 필요해서지만, 그 외에도 회사에 남아 있는 이유는 다음의 네 가지다.

> **퇴근 시간 후에도 회사에 남는 4가지 이유**
>
> ① 기혼 남성은 '야근'을 핑계로 집에 가지 않는다
>
> ② 독신들은 회사가 덜 외롭다
>
> ③ 업무 시간 중에는 동료들이 말을 걸어와 집중하기 어렵다
>
> ④ 상사가 퇴근하기 어려운 분위기를 만들고 있다

① 기혼 남성은 야근을 핑계로 집에 가지 않는다

남자 직원들은 정시에 퇴근하면 가사나 육아를 함께 해야 한다. 그런데 야근을 하면 가사나 육아를 하지 않아도 된다. 그리고 '집에 내가 있을 곳이 없다', '아내가 무섭다'고 생각하는 직원들은 일부러 야근을 많이 하는 경향이 있다.

앞서 소개한 스에요시 네임 플레이트 제작소의 누마카미 사장은 "이전에는 영업직원들의 업무가 가시화돼 있지 않았기 때문에 왜 야근을 하는지, 무엇 때문에 바쁜지 도통 그 이유를 알 수 없었다"고 말한다.

"항상 늦게까지 회사에 남아 있는 영업직원을 붙잡고 "왜 빨리 집에 가지 않느냐?'고 물었더니, "집에 가면 집안일을 시켜서 가기 싫습니다"라고 하더군요. 늦게까지 회사에 있

으면 집안일을 하지 않아도 되니까 크게 할 일이 없어도 회사에 남아 있었던 것입니다."(누마카미 사장)

타임카드를 먼저 체크해 마치 집에 간 것처럼 하고 실제로는 회사에 남아 있는 직원도 있었다고 한다. 이 사실을 알게 된 누마카미 사장은 사전 야근 신청, 타임카드와 실제 퇴근 시간을 철저히 확인했다. 그런 다음 야근과 상여금을 연동시켜 야근이 많아지면 상여금이 줄어드는 규정을 만들었다. 그랬더니 집안일이 하기 싫다는 이유로 야근을 했던 직원들도 빨리 퇴근하게 됐다고 한다.

② 독신들은 회사가 덜 외롭다

집에 가야 딱히 할 일도 없어 야근을 하는 독신들이 있다. 집에 빨리 가봐야 외롭기만 한데 회사에 있으면 사람들이 있어 덜 외롭다.

③ 업무 시간 중에는 동료들이 말을 걸어와 집중하기 어렵다

업무 시간 중에는 동료나 상사가 말을 걸어 올 때가 많다. 일을 하고 있든 전화를 받고 있든 상관없이 말이다. 동료나 상사와의 대화는 신뢰관계를 구축하는 데 중요하지만, 장시

간에 걸친 긴 대화는 일손을 멈추게 할 뿐이다.

④ 상사가 집에 가기 어려운 분위기를 만들고 있다

사내에 야근을 당연시 하는 분위기가 있으면 일이 빨리 끝나도 바로 퇴근하기 어렵다. 회사차원에서 야근을 할 수 없는 구조를 만들어 강제적으로 일찍 퇴근 시키는 것이 중요하다. 입사 6년차인 구니마쓰 미카(国松 美夏) 씨는 "야근 개혁이 시작되고 가장 크게 바뀐 것은 '퇴근할 때 눈치가 안 보인다는 점'이라고 말한다.

"지금은 경리를 맡고 있는데, 이전에는 더스킨 고가네이(小金井) 지점에서 내근직으로 있었습니다. 저는 다른 직원분들보다 일찍 퇴근을 했어요. 당시 저는 월 30시간 정도 야근을 했는데, 영업직원들에 비하면 적은 편이었습니다. 모두 늦게까지 회사에 남아 있으니 일찍 퇴근하는 것이 눈치가 보였어요. 게다가 무사시노는 모두 사이가 좋아 회사 분위기가 좋습니다. 그러니 자꾸 미적미적 회사에 남게 되더군요.

그런데 지금은 상사도 빨리 퇴근하라고 하고 강제적으로 일찍 퇴근시키는 시스템이 생겨 눈치 안 보고 퇴근합니다.

저도 빨리 퇴근해야 된다는 생각이 강해져서 '빨리 일을 끝내려면 어떻게 하면 좋을지' 같은 부서 사람들과 고민하게 됐습니다. 그랬더니 업무 효율도 올랐습니다."(구니마쓰 씨)

chapter 02

지금 바꾸지 않으면

기다리는 것은

'지옥'뿐!

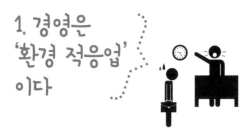

1. 경영은 '환경 적응업' 이다

현상 유지 = 후퇴가 된 시대

공룡이 멸종된 이유를 아는가? '거대 운석의 충돌로 전멸했다', '빙하기로 먹이가 사라졌다' 등 많은 설이 있는데, 이는 결국 환경 변화에 적응하지 못 했다는 이야기이다. 진화론으로 유명한 영국의 자연과학자 찰스 다윈은 "최후에 살아남는 것은 가장 강한 종도 가장 똑똑한 종도 아닌, 변화에 가장 잘 적응하는 종이다"라고 말했는데, 이는 회사 경영에도 적용되는 말이다.

경영은 '환경 적응업'이다. 경영은 시장의 변화에 맞춰 한

발 앞서 자사를 바꿔나가는 작업이다. 시장은 초 단위로 변화하고 있다. 시대는 예상을 뛰어넘는 빠른 속도로 변화하고 있다. 언제까지나 같은 곳에 서서 제자리걸음만 하고 있다가는 눈 깜짝할 사이에 뒤처지고 만다. 모든 것이 빠르게 변화하는 시대에 현상 유지는 후퇴를 의미한다.

사람은 변화를 싫어하고 현상 유지를 좋아한다. 변화는 실패 리스크가 따르기 때문이다. 사장들은 보통 잃을 것을 먼저 따지지 얻을 수 있는 것을 먼저 따지지 않는다. 그러나 내 생각은 반대다. 변화를 하면 분명 잃는 것은 있다. 하지만 나는 잃는 것보다 얻을 수 있는 것에 관심이 있다. 후퇴의 종착역은 도산, 인수, 소멸이다. 기존 방식을 버리지 못하면 기다리는 것은 '지옥'뿐이다.

나는 무사시노의 사장이 되기 전에 물수건 회사를 경영했다. 그때 수많은 음식점들을 돌아다니면서 알게 된 것이 있는데, 그것은 5년 내에 80퍼센트의 가게가 폐점하고, 망한 가게들의 공통점은 '변화가 없었다'는 점이다. 고객들의 기호는 항상 변하는데 매장 내 분위기나 메뉴에 변화가 없었다. 그러면 손님들은 금세 싫증을 낸다.

이런 이야기를 해도 될지 모르겠지만, 나는 결혼하기 전

'가무키초歌舞伎町. 일본 도쿄 최대의 환락가 _역주의 밤의 제왕'이라 불릴 정도로 카바레에 대해서는 모르는 것이 없었다. 카바레는 경쟁이 심해 여자 종업원들이 자주 바뀌지 않는 카바레, 다시 말해 변화가 없는 카바레는 예외 없이 문을 닫았다. 고객들은 항상 뉴 페이스를 원하기 때문이다.

매출이 역대 최대라도 기존 방식을 버려라

우리 회사는 5년 후 매출을 두 배로 올린다는 장기 사업 계획을 세웠다. 5년 동안 매출을 두 배로 올리기 위해서는 전년 대비 115퍼센트로 성장해야 한다. 게다가 최근에는 불필요한 야근을 줄이는 방향으로 업무를 개선하고 있다. 즉, 직원들은 업무 시간은 줄이면서 매출은 전년 대비 115퍼센트 향상시켜야 한다. 야근을 줄이면서 매출을 5년 동안 두 배로 올린다는 계획을 세우자 직원들은 하나 같이 불가능하다고 했다. 솔직히 이 계획은 무리다. 좀 더 정확히 말하면 기존의 틀 즉, '기존의 사고방식', '기존의 방식', '기존의 사람'으로는 무리다. 그런 결론에 도달했다면 '새로운 것', '지금까지와는 다른 것'에 도전해야 한다.

2. 변화를 원한다면 '풍경'을 없애라

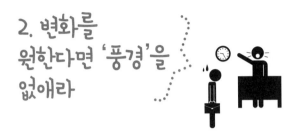

야근 개혁을 위한 3가지 처방전

어떻게 하면 변화를 일으킬 수 있을까? '야근을 줄이는 개혁'에는 크게 세 가지 방법이 있다.

> ① '풍경'을 없앤다
> ② '사람'을 교체한다
> ③ '업계의 비상식'을 도입한다

① '풍경'을 없앤다

풍경이란 무엇일까? 그 존재에 너무 익숙해진 나머지 풍경처럼 주변에 동화된 것, 당연하게 하고 있어 의문을 갖지 않게 된 것을 의미한다. 우리 회사에서 풍경이 된 것 중 하나는 출장 정산이었다. 예전에는 출장 가서 쓴 열차나 버스 등과 같은 대중교통비는 영수증이 없어도 정산서를 쓰면 경비로 인정됐다. 즉 예전에는 교통비를 정산할 때 영수증은 없는 것이 당연한 일로 풍경이 돼 있었다.

그래서 2016년 6월부터 '출장경비 정산 시 영수증을 반드시 첨부한다'는 규정을 만들었다. 풍경이 돼 버린 업무 처리 방식을 버리게 된 이유는 정산서만 가지고는 정말로 신칸센을 탔는지 알 수 없기 때문이다. 그럼 무사시노에 세무 조사가 나왔을 때 영수증이 없으면 증거가 없는 것이기 때문에 인정받지 못 할 가능성이 있다. 그래서 영수증을 첨부하거나 개찰구를 통과한 티켓(개찰인이 찍힌 티켓)의 사진을 찍어 첨부할 것을 의무화했다. 이렇게 증거를 남겨 두면 세무서에 괜한 의심을 받을 일은 없다.

'골프대회'도 풍경이 돼버려 2016년부터 중단했다. 경영지원사업부(중소기업을 컨설팅하는 사업부)에서는 1년에 한 번 경영지원 회원사(중소기업의 사장)를 초청해 골프대회를 열었다. 경영지원 회원사가 200개 사일 때 참여한 사장은 40명이었다. 이후 회원사는 600여 개 사로 늘었지만 골프대회 참가자는 20명으로 줄었다. 회원사가 3배로 늘었는데 골프대회 참가자는 반으로 줄었으니 '골프가 풍경이 된 것'으로 보는 것이 타당하다. 그렇다면 지속해야 할 의미가 없다고 판단했다.

당연시 됐던 '풍경' 속에 개혁의 힌트가 있다

얼마 전 한 가스 판매업체(LP가스가 든 가스통을 고정 고객에게 배송하는 업체)를 돌아본 적이 있다. 이 회사의 영업직원들은 먼저 배송 트럭에 가스통을 싣고 나가서 가스를 채운 가스통과 빈 가스통을 교체한다. 가스통 교체가 모두 끝나면 회사로 다시 돌아와 빈 가스통에 가스가 충전되기를 기다렸다 충전이 끝나면 트럭에 가스통을 바꿔 싣고 다시 영업을 나간다. 이 일을 매일 반복하고 있었다.

이때 빈 가스통이 충전되고 이를 다시 트럭에 싣는 데까지는 40분 정도 걸린다. 여기서 내가 이상하다고 느낀 점은 이 40분이 영업직원에게는 마냥 기다리기만 하는 비생산적인 시간이라는 것이었다.

이 회사의 사장은 '배송 트럭은 영업직원 수만큼만 있으면 된다', '영업직원은 자신에게 지정된 배송 트럭을 모는 것이 당연하다'라고 생각하고 있었다. 직원 A는 1호차, 직원 B는 2호차, 직원 C는 3호차에 타고 거래처를 돈다. 아침에 영업을 나간 직원 A는 낮에 회사로 돌아와 가스통에 가스가 충전될 때까지 아무 것도 하지 않고 기다렸다가 충전이 끝나면 다시 영업을 나간다. 직원 B, C도 마찬가지이다.

이 회사에서는 가스가 충전될 때까지 기다리는 시간은 '풍경'이 돼 있었다. 이 방식에 그 누구도 의문을 품지 않았다. 나는 이 회사 사장에게 "영업직원은 세 명이지만 배송 트럭은 4대를 준비하는 것이 좋다"고 조언했다. 그럼 1호차를 타고 나갔던 직원 A는 다시 회사로 돌아와 1호차에 싣고 온 빈 가스통이 충전될 때까지 기다리지 말고 '미리 준비된 4호차'를 타고 바로 영업을 나가면 된다. 그 다음에 직원 B가 회사로 돌아오면 준비가 완료된 1호차를 타는 것이다. 이렇게 항상 여분으로 배송 트럭을 한 대 더 준비해 두면 영업직원과 충전 담당자의 시간을 낭비하지 않아도 된다. 효율적으로 영업 활동을 할 수 있기 때문에 야근도 사라진다.

'노동기준감독서'의 레이더망에 포착된 사장의 운명

주식회사 홈 라이프(교토(京都)부/주택건설업체)는 단독주택의 기획, 디자인, 설계, 시공을 하는 회사이다. 창업 후 11년 동안(2005년 창업, 창업자는 데사키 다카미치(手崎 孝道) 사장) 매년 평균 135퍼센트의 성장세를 보여 왔다. 이렇게 잘 나가던 지역 밀착형 기업이 오히려 이 급성장세 때문에 뜻밖의 일을 겪게 됐다.

"어느 날 우리 회사에 작업복 차림에 배낭을 멘 젊은 여성이 찾아 왔습니다. 무슨 용건이냐고 물으니 "노동기준감독서일본의 근로감독 기관 _역주에서 왔습니다"라고 말해서 깜짝 놀랐습니다. 통보도 없이 불시 점검을 나온 것이었는데, 특히 두드러지거나 눈에 뜨는 회사, 뚜렷한 성장세를 보이는 회사의 현황을 조사하는 것 같았습니다. "타임카드를 잠시 가져가도 되겠습니까?"라고 하는데 안 된다고 할 수가 있어야지요. 그래서 줬습니다만…"(데사키 사장)

며칠 후 홈 라이프를 다시 방문한 노동기준감독서의 여성은 "야근 수당은 지불하고 계신가요?"라며 데사키 사장을 추궁했다. 이 일을 계기로 홈 라이프는 본격적으로 일찍 퇴근하기 운동을 전개했다.

"건설업계는 블랙 기업은 아니지만 그레이 한 부분이 있습니다. 대형 주택건설 업체들도 상당히 늦게까지 일을 합니다. 야근이 당연한 업계죠. 저는 사실 지방의 작은 건설회사는 늦게까지 열심히 일하는 수밖에 없다고 생각하고 있었고, 늦게까지 열심히 일하는 직원이 좋은 직원이라고 착각하고 있었습니다. 하지만 지금은 생각이 바뀌었습니다. 야근 수당 정액제(매월 정액의 야근 수당을 지급하는 제도)를 도입하고, 이와 함께 직원들의 야근 시간을 줄이기 위한 대책을 시작했습니다."(데사키 사장)

데사키 사장에게는 건설업계에서 야근은 당연한 것, 건설업계는 야근 수당이 없어도 당연한 것이라는 업계의 상식이 풍경이 돼 있었다. 그러나 노동기준감독서의 불시 점검을 계기로 그것이 잘못된 생각이었다는 것을 깨달은 데사키 사장은 지금까지와는 다른 방식을 도입하기로 했다. 직원들의 출퇴근을 관리하기 위해 클라우드형 근태관리 시스템(킹 오브 타임 www.kingtime.jp)을 도입했다.

"지금까지는 무조건 회사에 출근했다가 현장으로 가도록 했습니다. 일이 끝나면 아무리 현장이 멀어도 회사에 돌아와 타임카드를 체크하도록 하고요. 그러나 킹 오브 타임을 도입해 현장으로 출근하고 현장에서 퇴근할 수 있게 되면서 직원들의 불필요한 고생이 줄고 시간 효율도 좋아졌습니다. 그리고 이 시스템은 장소를 표시할 수 있어 허위 보고도 줄었습니다. 퇴근 시간이 빨라져 직원들의 반응도 좋습니다."(데사키 사장)

② '사람'을 교체한다
'지금과 같은 사람'으로는 변화는 일어나지 않는다
같은 사람이 같은 일을 계속 하면 일이 풍경화 된다

우리 회사는 정기적으로 인사이동을 실시하는데 거의 매달 인사이동이 있다. 5년 이상 같은 부서에서 일하는 경우는 없다. 영업 쪽 젊은 직원은 원칙적으로 한 곳에서 3년, 사무직은 5년이 되면 다른 부서로 이동시킨다. 사무직 부장은 영업을 한 번 경험해야 하고, 경리 부장은 영업 과장을 경험한 사람이라야 한다.

이렇게 자주 인사이동을 실시하는 이유는 지금과 같은 사람으로는 변화가 일어나지 않기 때문이다. 같은 부서에 오래 있으면 자신을 일 잘 하는 사람으로 착각하기 쉽다. 그리고 과거의 경험에 집착해 변화와 실패를 두려워하게 된다. 1년 후에도 지금만 같으면 된다고 생각하는 사람은 지금 이상의 노력을 하지 않는다. 이래서는 야근을 줄이는 것은 불가능하다.

사람은 같은 일을 계속하면 신선함이 떨어지고 객관성을 잃게 된다. 그러면 결과적으로 일이 풍경화 돼 무리한 일, 쓸모없는 일, 기복에 둔감해져 방치한다. 그나마 인사이동으로 부서가 바뀌면 새로운 마음가짐으로 업무에 임하게 돼 타성에 젖어 일하는 상황은 사라진다.

같은 사람이 같은 일을 계속 맡아 하면 일이 '블랙박스화' 된다. 업무의 블랙박스화란 특정인 외에는 해당 업무를 아무도 모르는 상황을 말한다.

"이 건은 ○○ 씨한테 물어 보지 않으면 모른다", "그 업무는 △△ 씨가 아니면 처리하지 못 한다"라는 식으로 업무별로 담당이 고정돼 버리면, 담당자가 병가를 내거나 퇴직하게 되면 일이 제대로 돌아가지 못한다. 그리고 업무가 블랙박스화 되면 비리의 온상이 되기도 한다.

주식회사 ISO 종합연구소(오사카 부/ISO·P마크 운용 대행업체)는 ISO국제적인 표준 기준으로 국내 제품이 국제 기준에도 부합함을 입증하는 기준 _역주**와 P마크**사업자의 개인정보 취급이 적절했는지를 평가해 기준에 적합한 사업자에게 사용을 인정하는 마크 _역주**의 신규 취득 및 운용을 지원하는 회사이다. 야마구치 노리아키(山口 智朗) 사장은 'ISO 종합연구소가 과거에는 업무별로 담당이 고정되는 구조 때문에 야근이 발생했'고 말한다.

"예전에는 클라이언트별로 담당자가 정해지면 담당자 혼자서 모든 일을 처리했습니다. 그런데 이렇게 했더니 업무가 블랙박스화 돼 중간에 무슨 일이 생겨도 다른 직원이 도와줄 수가 없었습니다. 그래서 업무 방식을 바꿨습니다. 이름하여 '베스트10 관리'입니다. 업무를 납기 순으로 정리한 다음 베스트10을 정해 납기가 빠른 순으로 시간이 되는 사람이 주 단위로 작업하는 방식입니다. 이렇게 했더니 직원들의 피로가 경감돼 회사를 그만두는 직원이 감소했습니다. 게다가 일이 평준화돼 실수도 줄었습니다."(야마구치 사장)

변화란 '사람을 바꾸는 것'

무사시노에는 각 부서에 '고참'은 별로 없다. 근속 28년인 사루타니 긴야(猿谷 欣也) 부장도 같은 부서에서 같은 업무를 오랫동안 계속 맡아서 하지 않았다.

2015년 12월 무사시노의 실적은 역대 최대 수익을 기록했기 때문에 상여금을 20퍼센트 상향조정(전년 대비)했다. 이렇게 회사의 실적이 좋을 때는 아무래도 직원들의 마음은 풀어지기 마련이다. 나는 직원들이 위기감을 갖도록 하기 위해 2015년 12월 1일자로 관리직의 절반을 대상으로 인사이동을 실시했다. 부서와 상사가 바뀌자 "우리 사장님, 드디어 정신 줄을 놓으셨네"라며 사내 분위기가 크게 술렁거렸다 (웃음).

그뿐 아니다. 2016년 4월 1일자로 직원의 절반을 인사이동 시켰다. 보통 사장들은 회사 경영이 순조로우면 변혁을 게을리한다. '잘 되고 있는데 바꿀 필요가 있나?'라고 생각한다. 그러나 내 생각은 정반대이다. 순조로울 때 더 적극적으로 인사이동을 실시해 조직을 변혁하고 있다.

눈앞의 이익을 추구한다면 실적을 올리고 있는 직원들을 이동시킬 필요가 없다. 그러나 사람의 흐름이 정체되면 사내 공기가 탁해지고 활기가 사라진다. 변화란 사람을 바꾸는 것이다. 대규모로 인사이동을 실시하면 현장은 일시적으로 혼란스러워진다. 그래도 조직을 활성화시키기 위해서는 인사이동을 통해 회사를 변화시킬 필요가 있다.

③ '업계의 비상식'을 도입한다

'업계의 비상식'을 받아들이지 않으면 회사는 바뀌지 않는다. 타 업계의 상식을 모방하면 '업계의 비상식'이 된다.

예를 들어 당신이 음식점의 사장이라고 하자. 음식점은 비 오는 날에는 아무래도 매출이 떨어진다. 손님의 발길이 뜸해 종업원들이 한가하게 시간을 때우고 있을 때 사장인 당신은 종업원들에게 어떤 지시를 내릴지 다음의 세 가지 중에서 골라 보자.

1. 오늘 손님은 별로 없지만 모두 마감 시간까지 긴장 늦추지 마.

2. 오늘 손님이 별로 없으니 아르바이트들은 마감 시간까지 있을 거 없고 그만 가도 돼.

3. 오늘 손님이 별로 없으니 아르바이트들은 그만 가도 돼. 일찍 가든 마감 시간까지 있든 아르바이트 비는 다 지불할 테니 걱정 말고.

나라면 '3'을 선택한다. 만약 '7시간에 7000엔'(시급 1000엔)을 받는 아르바이트가 1시간 일찍 퇴근했는데도 '6시간에 7000엔'을 받을 수 있다면 어떻겠는가? 분명 장본인은 기쁠 것이고 그럼 아르바이트의 정착률은 좋아질 것이다. 나는 1000엔을 더 지불해서라도 종업원들이 즐겁게 일할 수 있도록 하는 것이 낫다고 생각한다.

'일도 하지 않고 일찍 퇴근했는데 아르바이트 비를 지불하라니 말도 안 된다'고 생각할지 모르지만, 그렇게 생각하는 것은 상식에 얽매여 있기 때문이다. 회사에 변화를 일으키려면 기존의 사고방식이나 상식을 버리고 비상식을 쌓아 가야 한다. 기존의 사고방식, 기존의 방식, 기존의 사람을 버리고 '새로운 것'을 받아들이지 않으면 회사는 바꿀 수 없다. 이렇게 말하면 사람들은 '지금까지 아무도 하지 않았던 것'을 하려고 하는데 이는 잘못이다. '새로운 것'은 지금까지 아무도 하지 않은 것을 의미하는 것이 아니라, '다른 사람은 성과를 내고 있지만, 나는 아직 하지 않은 것', '타 업계에서는 상식이지만 자신의 업계에서는 아직 상식이 되지 않은 것', '이미 있지만 조합을 바꾸는 것'이다. 새로운 것을 시도할 때는 '업계의 비상식'을 차곡차곡 쌓아 가면 좋다.

그런데 업계의 비상식이란 무엇일까? 비상식이라고는 했지만 상식적이지 않다는 의미는 아니다. 타 업계의 상식이나 타 업계에서 잘 되고 있는 것을 자신의 업계에서는 처음으로 시도하는 것을 말한다.

예를 들면 서비스업에서는 제조업에서 상식이 된 것을 자사에 도입해보고, 제조업에서는 엔터테인먼트업계에서 성과를 내고 있는 시스템을 도입해 보는 것이다. 경쟁사가 이미 하고 있는 것은 따라해 봐야 그 차이를 줄이기 쉽지 않다. 게다가 동종 업계는 아무래도 기존의 틀에서 벗어나기 쉽지 않다. 그렇다면 다른 업계의 성공 사례를 도입하는 것이 정답이다.

가가와 마사노리(賀川 正宣) 회장은 휴대전화 판매, 요식업, 자동차 판매, 인재 교육 등 다양한 사업을 하는 주식회사 NSKK 홀딩스(효고(兵庫)현)의 대표다. 가가와 회장은 '이머제네틱스(Emergenetics, EG)'라는 프로파일을 도입해, 조직력과 접객 서비스 향상에 힘쓰고 있다. 이머제네틱스란 뇌 과학 이론과 50만 명 이상의 통계를 토대로 인간의 개성을 분석하는 프로그램이다. 개인의 강점과 가능성에 대한 이해, 생산성이 높은 팀 빌딩team building, 팀원들의 작업 및 커뮤니케이션 능력, 문제 해결 능력을 향상시켜 조직의 효율을 높이려는 조직개발 기법 _역주, 개인의 자질 향상 등에 도움이 되기 때문에 결과적으로 야근 단축을 기대할 수 있다.

"사내에 전 직원의 프로파일을 붙여 놓고 서로의 프로파일을 의식하면서 커뮤니케이션을 할 수 있도록 하고 있습니다. 인사에도 적극적으로 활용하고 있으며 신규 졸업자 채용이나 신규 사업 추진 때도 프로파일을 활용하고 있습니다."(가가와 회장)

라멘 집이나 휴대전화 판매 업무에 뇌 과학이나 통계학을 활용한 프로그램을 도입한 가가와 회장도 '업계의 비상식'을 도입해 성공한 경영자 가운데 한 사람이다.

3. 타 업계의 성공 사례를 그대로 모방한다

모방은 최고의 창조

무사시노가 성장하고 있는 비결은 업계의 비상식(타 업계의 성공 사례)을 사내에 도입하고 있기 때문이다. 우리 회사는 '채트워크ChatWork, 그룹 채팅, 태스크 관리, 파일 공유, 영상 및 음성 통화 등이 가능한 비즈니스 커뮤니케이션 채팅 프로그램 _역주'라는 클라우드형 비즈니스 채팅 툴을 도입했다. 채트워크를 활용하게 된 것은 경영컨설팅 회원사인 주식회사 간쓰(關通, 종합 물류업체)의 다쓰시로 히사히로(達城 久裕) 사장에게 "채트워크를 사용하면서 업무 효율이 좋아졌다. 아이패드(iPad)에 방수 커버를 씌우면

목욕탕에서도 쓸 수 있어 메일로 하던 업무 보고를 중단했다"는 말을 들은 것이 계기가 됐다. 이것은 우리도 할 수 있겠다 싶어 즉시 간쓰의 흉내를 내기로 했다. 물류 업계에서 성공한 툴(=업계의 비상식)을 도입한 결과 우리 회사의 야근은 크게 줄었다.

채트워크는 태스크별 안건 관리에 활용했다. 태스크는 작은 규모의 것을 많이 벌리고 '쓰고 버리는 것'이 기본이다. 채트워크는 화상 데이터를 보낼 때 매우 편리하다. 또, 채트워크를 사용하면 종이가 필요 없다. 종이가 사라지면 정보 검색이 쉬워진다. 아날로그로 정보를 갖고 있으면 어디에 있는지 찾는 데 시간이 걸린다. 그런데 디지털 데이터로 자료를 갖고 있으면 간단하게 검색할 수 있기 때문에 시간을 절약할 수 있다.

회사의 변화를 원한다면 타 업계에서 상식이 된 것을 자신의 업계에 재빨리 도입해 결과를 내는 것이 중요하다. 타 업계에서 실적을 내고 있는 것을 그대로 모방하는 것이다. 0을 1로 만드는 것은 어렵지만 1을 2나 3으로 만드는 것은 그리 어렵지 않다. 모방은 최고의 창조이다. 우직하게 모방해 3년만 버티면 그것이 바로 오리지널이 된다.

채트워크의 단점

군마현, 사이타마(埼玉)현, 지바(千葉)현, 가나가와현, 나가노(長野)현에서 약국 체인을 운영하는 주식회사 플랜트(군마현/약국 체인, 후지(富士)약국 그룹)도 채트워크를 도입해 업무의 효율화를 꾀하고 있다. 이시즈카 마사히코(石塚 雅彦) 사장은 직원들이 시도 때도 없이 댓글을 달지 못하도록 하기 위해 경영계획서에 '22시 30분부터 6시까지는 채트워크의 댓글을 금지한다'고 명문화했다.

"채트워크를 사용하면 정보를 가시화할 수 있고 업무의 흐름을 의사록처럼 기록할 수 있기 때문에 현장 상황을 쉽게 파악할 수 있습니다. 그러나 언제 어디서나 글을 남길 수 있다는 장점이 때론 단점이 되기도 합니다. 한 스태프가 새벽 1~2시에 회사에 대한 불만 같은 글을 남겼는데, 건설적인 것은 아니었습니다. 한밤중에 깨서 부정적인 내용을 읽게 되면 기분이 좋을 리 없습니다. 그는 결국 회사를 나갔는데, 이 일을 계기로 채트워크 사용에 시간제한을 두고 있습니다. 작년에는 '22시 반부터 6시까지 금지'였는데 올해부터는 '22시부터 금지'입니다. 앞으로도 이 시간을 더 확대해 나갈 생각입니다."(이시즈카 사장)

4. 업계의 악습에서 벗어나 시대에 맞는 새로운 근무 형태로의 개혁

자동차 부품 도매상에서 미개척 시장을 개척한 영업직원

주식회사 아키바 상회(도쿄도/자동차 부품, 용품, 중고부품 전문 업체)는 아다치(足立)구가 선정한 '워크 라이프 밸런스 Work Life Balance, 일과 삶의 균형 _역주 추진 인정 기업'이다. 아키바 상회가 선정된 것은 기업 경영자와 종업원이 함께 업무 효율화에 힘쓰고 있기 때문이다.

엔도 미요코(遠藤 美代子) 사장은 워크 라이프 밸런스 추진인정 기업으로 선정되고 나서 입사지원자가 늘었다고 말한다. 워크 라이프 밸런스는 일하면서 사생활에도 충실할 수 있는 직장 환경을 정비하는 것이다.

"직원을 모집하면서 느끼는 것은 젊은 세대들뿐 아니라 20~30대 남성들 중에서 어린 자녀가 있는 분들은 월급이 많은 것보다 야근이 적은 것을 우선한다는 점입니다. 부인과 가사와 육아를 함께 할 수 있기 때문이죠. 그리고 파트타이머를 채용할 때도 보면 육아 중인 여성들은 일을 하고 싶어도 근무 시간이나 출퇴근 시간을 맞추기가 쉽지 않기 때문에 워크 라이프 밸런스 부분을 상당히 궁금해 하십니다."(엔도 사장)

엔도 사장은 야근 시간 단축을 추진하면서 '노동 시간과 실적(매출)은 비례하지 않는다는 것'을 실감하고 있다.

"중요한 것은 일한 시간이 아니라 일의 내용입니다. 우리 회사에 육아를 위해 단축 근무 중인 남자 직원이 한 명 있는데, 이 직원은 6시간밖에 일하지 않습니다. 영업직 중에서 근무 시간이 가장 짧은데, 이렇게 단축 근무를 하면서도 성적은 일등입니다. 이 남자 직원은 개인 목표 달성률에서 연간 일곱 차례나 일등상을 받았습니다."(엔도 사장)

이 남자 직원이 가장 짧게 일하면서도 이렇게 좋은 성적을 올리고 있는 데는 이유가 있다. 지금까지와는 다른 것,

다른 영업직원과는 다른 것을 하고 있기 때문이다.

"아키바 상회는 승용차 부품을 주로 다루는데, 승용차의 애프터마켓판매자가 제품을 판매한 이후 추가적으로 발생하는 수요에 의해 형성된 시장_역주은 계속 축소되고 있습니다. 그래서 이 남자 직원은 대형 트럭 마켓으로 갈아탔습니다. 대형 트럭은 승용차와 달라 기존의 방식이나 기존의 지식은 통하지 않기 때문에 처음부터 다시 공부해야 합니다. 그래서 아무도 하려 하지 않습니다.

그런데 이 직원은 새로운 노하우를 공부하면서 지금까지 미개척지였던 시장에 발을 들여놨습니다. 다시 말해 기존의 아키바 상회의 상식과는 다른 것을 시작해 성과를 내고 있는 것입니다. 현재는 그의 업무 방식을 다른 직원들에게도 전수하고 있습니다."(엔도 사장)

반 사기를 당하고서야 노동기준법의 소중함을 통감한 부동산 회사

주식회사 소나르(sonare, 도쿄도/부동산 임대관리 업체)는 피아노 등 악기 연주가 가능한 임대 물건만 취급하는 유니크

한 회사이다. 현재 도쿄, 가나가와, 사이타마를 중심으로 약 200개의 물건을 관리하고 있다.

"5~6년 전에는 밤늦게까지 일했기 때문에 차 안에서 잘 때도 있었습니다(웃음). 집을 리모델링할 때는 업자들이 밤샘 작업을 하는데, 개중에는 일을 끝낸 척하고 도망가는 사람도 있어 일이 끝날 때까지 지키고 있어야 했습니다. 성수기에는 일주일 동안 집에 못 들어가 옷은 차 안에서 갈아입고 샤워는 대중목욕탕에 가서 하고 잠은 차에서 잤던 적도 있습니다."(마루야마 도모코(丸山 朋子) 사장)

마루야마 사장은 현재 '악기를 연주할 수 있는 아파트'만 취급하지만 예전에 잠시 일반 부동산업에 손을 댄 적이 있다.

"당시 저에게 채용 권한은 없었습니다만, 부동산업은 이직이 심한 업종이어서 1년에 60명 채용하면 세 명 정도밖에 남지 않았습니다. 부동산업계는 이른바 뜨내기들이 많다는 이야기인데, 그래서 더더욱 노동기준법을 잘 알고 있어야 한다는 사실을 깨닫게 해준 사건에 휘말린 적도 있습니다.

한 분이 저희 회사 파트타임 면접을 보러 와서 "엑셀도 가능하고 워드도 가능합니다. 이것저것 다 가능합니다"라고 해서 점장이 채용을 결정했습니다. 그런데 그 분이 "2주 후에 출근하고 싶다"고 해서 그러라고 했는데, 막상 입사를 하고 보니 엑셀, 워드는 물론 아무 것도 할 줄 아는 것이 없었습니다.

그래서 해고하겠다고 말했더니 그 분 말이 채용 후 일주일시용기간, 사용자가 근로자의 종업원으로서의 적격성을 판단하기 위해 근로 계약을 유보한 상태에서 근로관계를 갖는 일정한 기간 _역주이 지났기 때문에 해고 예고 수당을 줘야 한다는 겁니다. 나중에 고용센터 관계자로부터 "그 사람은 상습범이니 조심하라"는 말을 들었지만 때는 이미 늦은 상황이었습니다."(마루야마 사장)

이러한 부동산 업계의 악습을 끊기 위해 현재 마루야마 사장은 '야근 사전 신청'(신청하지 않으면 야근 수당은 지급되지 않는다), '귀사 시간 설정'(밤 8시가 지나도 되는 것은 긴급한 문제에 대처하는 경우만), '수요일과 목요일은 NO 잔업 데이', '교대로 한 달에 한 번 연휴 신청하기' 등 일찍 퇴근하기 위한 다양한 시책을 도입했다.

"노동기준국 관계자와 노무사 분들의 협력을 받아 '1년 단위의 변형 근로 시간제'도 도입했습니다. 변형 근로 시간제는 업무량에 따라 노동 시간을 줄여 전체적으로 노동 시간을 단축하는 제도입니다.

성수기 때는 밤 7시까지, 비수기 때는 밤 6시까지로 정하고, 비수기에는 1시간의 추가 고정 야근 수당을 지불하고 있습니다. 밤 6시에 퇴근해도 한 시간에 대한 야근 수당을 받을 수 있기 때문에 직원들은 일찍 퇴근합니다. 고육책이지만 효과는 있다고 생각합니다. 지금은 대부분의 직원들이 밤 7시부터 8시 사이에 퇴근합니다. 성수기를 기준으로 보면 비수기에는 4일밖에 일하지 않기 때문에 장기 휴가를 낼 수도 있습니다."(마루야마 사장)

노사 협의를 통해 야근 시간을 조정했는가?

산케이화학주식회사(가고시마(鹿兒島)현/농약류 제조업체)는 1918년에 창업한 농약 전문 제조업체이다. 산케이화학도 1년 단위로 노동 시간을 조정해 야근을 줄이기 위한 노력을 계속해 오고 있다.

"저희 회사는 노동조합이 30년 이상 전부터 있었습니다. 5년 전에 공장에서 일하는 직원의 야근 시간이 36협정(월 45시간, 연간 360시간 이내 야근)을 어겨 노조가 문제를 제기한 적이 있습니다. 그래서 노사가 협의해 야근 시간 단축을 위해 본격적으로 나섰습니다. 먼저 같은 업계의 다른 회사가 '특별조항부 36협정 신고서'를 제출하고 있다는 말을 듣고 우리 회사도 따라 했습니다. 이 신고서를 제출하면 월 80시간 이내까지 야근을 할 수 있는 달을 설정할 수 있어 36협정을 어기는 문제를 해결할 수 있었습니다."(후쿠타니 아키라(福谷 明) 사장)

특별조항부 36협정이 인정되더라도 연간 360시간을 넘기면 안 된다. 그래서 후쿠타니 사장은 연간 야근 시간을 조정하기 수월하도록 결산월을 3월→10월로 변경하고 야근이 많은 직원은 비수기에 야근을 시키지 않도록 했다.

"바쁜 달이 마지막 달이면 360시간을 넘기기 쉽지만, 비수기가 마지막 달이면 일찍 퇴근할 수 있어 기준인 360시간을 어떻게는 맞출 수 있습니다."(후쿠디니 시장)

이밖에 매달 개인별 야근 시간 집계표를 총무 부서에서 작성해 야근이 많은 직원에게는 개선 지시를 내리고, 야근 신청서에 업무 내용을 상사가 알기 쉽도록 작성하도록 하는 등 철저히 지도한 결과 야근 시간은 순조롭게 줄고 있다.

"한 직원은 과거에 월 26시간의 야근을 했는데, 지금은 월 0.8시간까지 줄었습니다. 야근 신청서에 업무 내용을 쓰게 했더니 야근이 눈에 띄게 줄었습니다. 결국 지금까지는 굳이 남지 않아도 되는데 남아 있었다는 이야기가 됩니다. 사장인 제가 그걸 몰랐다는 게 매우 한심하게 느껴졌습니다."(후쿠타니 사장)

창업 181년 기업의 야근 단축 성공 비결은?

후루카와시코(古川紙工)주식회사기후(岐阜)현/미노화지(美濃和紙, 일본 전통 종이 가공 업체 _역주는 오리지널 종이 제품의 제조 판매 및 OEM 공급을 하는 회사이다. 창업한 지 181년 된 회사로 후루카와 마코토(古川 慎人) 사장은 8대 사장이다. 후루카와 사장은 전통을 계승하는 것에 대한 자부심을 느끼면서도 사업 측면에서는 답답함을 느끼고 있었다. 같은 방식을 고집하면 좋은 발상이 떠오르지 않는다. 그리고 무엇보다 사람이 정착하지 않는다.

"회사에 전통은 있지만 직원들을 정착시키는 시스템이 없었습니다. 저는 전직이 회사원이었기 때문에 경영 경험도 없어 그저 온갖 말로 직원들을 설득했습니다. 그러나 그런 식으로 직원들을 붙잡아둘 수 있는 것은 기껏해야 3~4년입

니다. 직원들의 상당수는 그 정도 버티면 회사를 떠났습니다."(후루카와 사장)

직원들이 회사를 떠난 이유 가운데 하나는 후루카와 사장이 젊은이들의 트렌드를 잘못 파악하고 있었기 때문이다.

"저만 열심히 하면 직원들도 늦게까지 열심히 따라와 줄 거라 생각했습니다만, 그것은 저의 착각이었습니다. 사장이 할 일은 직원들과 함께 열심히 일하는 것이 아니라, 야근이나 휴일 출근을 줄이는 시스템을 만드는 것이라는 점을 뒤늦게 깨달았습니다. 그래서 우선 수요일을 'NO 야근 데이'로 정하고 토요일과 일요일 출근을 금지했습니다. 업무 종료 시간도 정해 간부 직원도 밤 8시에는 무슨 일이 있어도 회사를 나가야 합니다. 어쩔 수 없이 야근을 해야 할 때는 야근 신청서를 반드시 제출하도록 의무화했습니다. 매주 월요일 이른 아침에 열리는 간부 회의에서는 업무의 진척 상황을 확인하고, '야근을 줄일 수 있는 방법'을 공유하고 있습니다."(후루카와 사장)

후루카와 사장은 야근 시간이 준 다음부터 신규 졸업자를 채용할 때 회사 이미지가 많이 좋아졌다는 것을 실감한다고 말한다.

"우리 회사는 디자이너 채용이 많은데, 일반적으로 '디자이너는 밤늦게까지 일하는 것이 당연한 일'처럼 돼 있습니다. 저희 회사의 젊은 디자이너한테 들으니, 유명 디자인 사무실에 취직한 대학 동기들이 '막차로 집에 가는 것이 당연시 되는 대형 디자인 회사 말고 작아도 좋으니 야근이 적은 회사에 취직할 것을 그랬다'고 했다는 겁니다. 장시간 일할수록 실력이 는다는 의견도 있지만, 앞으로는 짧은 시간 동안 팀으로 실적을 올리는 능력이 요구되는 시대가 될 것입니다."(후루카와 사장)

엔도 사장, 마루야마 사장, 후쿠타니 사장, 후루카와 사장 모두 업계의 상식이나 전통에 얽매이지 않고, '지금까지와는 다른 사고방식', '지금까지와는 다른 방식'에 눈을 돌렸기 때문에 '야근이 적은 회사', '사람이 떠나지 않는 회사'로 바꿀 수 있었다.

야근 단축으로 얻은 이익은 직원에게 돌려주자

일찍 퇴근해도 월급이 줄지 않는 시스템

우리 회사는 겨우 2년여 만에 야근 개혁 전과 비교해 직원 기준으로 '1억 엔', 파트타이머와 아르바이트를 포함하면 '1억5000만 엔'의 인건비를 절감하는 데 성공했다. 이 1억 5000만 엔을 회사의 이익으로 귀속시키면 회사를 그만두는 직원들이 계속 늘 것이다. 왜냐 하면 종업원들의 가처분소득이 줄기 때문이다. 그래서 나는 야근 단축으로 늘어난 이익을 다음의 두 가지 방식으로 종업원에게 환원했다.

① 상여금을 직원은 120퍼센트, 파트타이머는 200퍼센트로 올린다

② 기본급을 올린다

① 직원은 120퍼센트, 파트타이머는 200퍼센트로 올린다

같은 일을 하면서 일찍 퇴근하는 사람과 야근을 하는 사람이 있다면, 일찍 퇴근하는 사람이 당연히 능력이 있는 사

람이다. 그런데 능력이 없는 사람이 야근 수당을 받기 때문에 '능력이 있는 사람'보다 '능력이 없는 사람'의 가처분소득이 높아진다. 대충 일하는 직원이 일 잘하는 직원보다 연봉이 높은 이상한 상황이 당연한 일처럼 돼 버리면 열심히 일해서 시간 내에 일을 끝내는 사람은 당연히 일할 맛이 안 날 것이다.

이럴 때 야근 시간과 인사고과를 연동시켜 야근이 적은 직원은 상여금이 많고, 야근이 많은 직원은 상여금이 적은 시스템을 만들면 불공평하다는 불만은 사라진다. 야근이 많은 사람은 월급은 많아도 인사고과가 안 좋아지기 때문에 상여금이 줄어든다. 그리고 근무 시간 내에 일을 마치고 퇴근한 사람은 인사고과가 좋아지기 때문에 매달의 월급은 적어도 상여금이 많아진다. 결국 야근을 하지 않고 일찍 퇴근한 사람들 연봉이 높아지는 시스템으로 바꾼 것이다. 그랬더니 우리 회사 직원들은 '상여금을 많이 받고 싶다'는 불순한 동기로 야근을 줄이기 위한 아이디어를 내기 시작했고 그 결과 업무는 개선되고 있다

우리 회사는 '고과표'(→다음 쪽)를 토대로 상여 금액을 정하고 있다.

■ 야근 제로 달성을 위한 고과표의 예

주식회사 무사시노 고과표

[   ] 빈 칸은 모두 기입해 제출할 것.

2016년 53기 상반기

입사 연월일	VM 번호	부문 명	등급·그룹	이름	기말 상사 확인
년 월 일			등급 G		(인)

	원점수	그룹 비중 (※표1 참조)	배율 (표1 참조)	합계(소수점 첫 번째 값 5 이하 버림)
실적 고과점수	③	0.	6배	
프로세스 고과점수	④	0.	6배	
방침 공유 점수			3배	
환경 정비 점수	⑤		1. 배	
야근 시간 확인	⑥		1배	
총합계				

※③ ④는 소수점 첫 번째 값까지 기입합니다. ⑤ ⑥은 정수로 기입합니다.

※이 열은 소수점 아래 첫 번째 값을 5 이하 버림, 6 이상 반올림해 정수로 기입합니다.

※표1

	환경 정비 배율	원점수 비중	프로세스 비중
1G	1.1배	30%	70%
2G	1.1배	30%	70%
3G	1.2배	50%	50%
4G	1.5배	70%	30%
5G	1.7배	80%	20%
6G	1.7배	80%	20%

※최저 0.50~최고 1.50으로 소수점 아래 세 번째 값을 5 이하 버림, 6 이상 반올림해 소수점 두 번째 값까지 기입합니다.

※이 열은 소수점 두 번째 값을 5 이하 버림, 6 이상 반올림해 소수점 아래 첫 번째 값까지 기입합니다.

1. 실적 고과

항목	비중 ①		목표	실적	달성도 ②	고과 점수 ①×②

실적 고과점수 합계 ③

비중의 합계를 60점으로 해 각 부문으로 배분하세요.

★버스 워칭(무사시노가 전 종업원의 가치관 공유를 목적으로 매년 버스를 빌려 전 영업소를 시찰하는 행사 _ 역주)

2. 프로세스 고과

고과 항목	본인 5월	상사 5월	본인 6월	상사 6월	…	본인 10월	상사 10월	상사 평균
1. 업무에 대한 책임을 자각하고 항상 고객 제일주의로 업무를 수행했는가?								
2. 회사나 상사의 방침을 충분히 이해하고 있었는가?								
3. 업무 수행상 아이디어, 개선 및 능률 향상에 힘썼는가?								
4. 상사나 동료와의 업무상 보고, 연락, 상의는 적절했는가?								
5. 폭 넓게 수준 높은 업무가 가능하도록 능력 향상에 힘썼는가?								
6. 실행계획(개인)을 항상 의식하며 업무를 수행하고 있는가?								
프로세스 고과 점수 합계								④

채점 기준(상사 고과: 6단계) 5: 우수 4: 양호 3: 보통 2: 다소 미흡 1: 미흡 0: 논외

면담 도장 합계 [   ] 개

※소수점 아래 두 번째 값을 5 이하 버림, 6 이상 반올림해 소수점 첫 번째 값까지 기입합니다.

3. 방침 공유 점수

	53기 상반기
새벽 공부 모임	15 or 20
면담	6
경영 계획 발표회	1
상. 하반기 정책 공부 모임	1
직원 공부 모임	2
Thanks Card	6
탁발	2
직원 여행	1
여름 축제	1
성묘	0
버스 워칭*	1
개인 교실	1 or 2
건강 진단	0
간부 아카데미 친목회(2.5G 이상)	1 or 2
팀 활동(2.5 G 이상)	2 or 3
과제 도서	1
오카모토(岡本) 선생님 공부 모임 (2.5G 이상)	1
체험 학습(경영 지원에 한함)	1

4. 환경 정비 점수

	5/20	6/17	7/15	8/10	9/9	10/7	평균
점수							⑤

※소수점 아래 첫 번째 값을 5 이하 버림, 6 이상 반올림해 정수로 기입합니다. 복수 부문 담당

5. 야근 시간 확인

	5월	6월	7월	8월	9월	10월	합계
상사 (인)							⑥

※5월의 경우:4/16~5/15 타임카드로 확인한다.

※합계에는 상사의 도장 개수를 기입.

근속 연수별 지급률(금연, 안전운전 수당 공통)
※기말일 현재로 계산

차량 사용자
1년 미만 20%
2년 미만 40%
3년 미만 60%
4년 미만 80%
4년 이상 100%

차량 미사용자
1년 미만 10%
2년 미만 20%
3년 미만 30%
4년 미만 40%
4년 이상 50%

※업무상 일상적으로 차량을 사용하지 않는 부문은 지급률이 절반(50퍼센트)이 됩니다.

금연 수당(○로 표시)	금연수당 지급률	안전운전 수당(○로 표시)	안전운전 수당 지급률
0엔, 5만 엔, 7만 5000엔, 10만 엔	%	0, 1, 2, 3, 4, 5, 6만 엔	%
금연 수당 지급액	엔	안전운전 수당 지급액	엔

고과표에는 야근 시간을 기입하는 난이 있고 상사는 매월 이를 확인한다. 전년 같은 기간보다 1분이라도 야근 시간을 줄였으면 상여금에 반영된다. 원칙은 그렇지만 실제로 1분만 줄이기는 어렵기 때문에 결과적으로 몇 시간의 야근이 줄어든다. 매출이 떨어지지 않고 야근이 줄면 직원들 상여금은 전년 대비 120퍼센트(2016년 6월은 130퍼센트), 파트타이머의 상여금은 전년 대비 200퍼센트(반기의 상한인 5만 엔이 10만 엔으로 변경됨) 오른다. 근무 시간은 짧아지고 상여금이 늘면 1시간당 단가가 높아지기 때문에 직원, 파트타이머 모두 회사를 떠나지 않는다.

능력이 떨어지는 사람이 월급을 많이 받으면 능력 있는 사람이 떠난다

랜드마크 세무법인(가나가와현/세무법인)은 상속세 전문 세무법인이다. 상속세 관련 상담 건수 1만 건, 상속세 신고 건수 2000건이 넘는 대형 법인이다. 세이타 유키히로(清田 幸弘) 대표에 의하면 회계 업계는 사람들이 정착하기 어려운 업계로 이직률이 높다고 한다.

"회계 사무소는 사람들이 쉽게 정착하지 못하는 곳으로

유명합니다. 소장이 연초에 전 직원 앞에서 "새해 복 많이 받으십시오"라고 인사를 하고, 연말에 "내년에도 잘 부탁드립니다"라고 말할 때 보니 연초에 있던 직원이 한 명도 안 남아 있더라는 우스갯소리가 있을 정도입니다(웃음)."(세이타 대표)

랜드마크 세무법인에서는 직원들이 그만두는 원인 중 하나가 '능력이 없을수록 월급을 많이 받는 모순'에 있었다.

"무사시노로부터 컨설팅을 받기 전에는 야근 수당을 정확하게 지불하기 위해 직원들한테 모두 청구하라고 했습니다. 그랬더니 너도나도 야근을 해 그 이전보다 야근이 오히려 늘었습니다(웃음). 야근 수당도 월급의 일부라고 생각하는 직원들에게는 늦게까지 회사에 있으면 있을수록 월급이 늘어나니 이보다 더 좋은 것은 없었겠지요.

그래서 방침을 바꿔 경영계획 발표회에서 '야근 없는 회사'를 선언하고, '야근 랭킹'을 만들어 야근이 많은 직원을 발표하기로 했습니다. 그러자 야근은 줄었지만 오히려 자신보다 일 못 하는 직원이 야근을 많이 해서 월급을 많이 받는 것은 말이 안 된다며 불만을 갖고 회사를 그만두는 직원이 생겼습니다."(세이타 대표)

그래서 세이타 대표는 야근 시간과 상여금을 연동시키는 등 월급 규정을 고쳐 '능력 있는 사람이 평가받는 회사', '일본 제일의 직원들을 대우하는 고수익의 세무법인'이 되기 위한 대책을 내놓았다.

"22시 이후에는 회사에 남을 수 없도록 네트워크 카메라를 설치하고, 매주 수요일을 'NO 야근 데이'로 정해 추진하고 있는데, 지금 가장 큰 변화는 제가 "야근을 줄여라", "빨리 퇴근해라"라고 입이 닳도록 말하게 된 것입니다(웃음). 우리는 영상회의 시스템을 이용해 매일 아침 모든 사업소가 일제히 조례를 합니다만, 조례에서도 "일찍 퇴근해라", NO 야근 데이인 수요일에도 "일찍 퇴근하라"고 계속 이야기를 합니다."(세이타 대표)

랜드마크 세무법인은 야근 문제 해결을 위한 대책을 추진하기 시작한 지 얼마 되지 않았지만, 그래도 2015년 2월 평균 74시간이었던 야근 시간이 1년 뒤인 2016년 2월에는 평균 52시간으로 줄었고, 6월에는 평균 35시간까지 줄었다. 예전에는 100시간 이상 야근을 하는 직원도 여럿 있었다고 하는데 현재는 '제로'이다.

랜드마크 세무법인은 이직이 많기로 유명한 업계에서 직

원이 135명(2016년 9월 현재)이나 되는데도 직원들의 정착률이 안정적이다. 이직자는 매년 10명 정도인데 매년 130퍼센트 성장으로 인력을 늘려가고 있기 때문에 실직적인 이직률은 더 낮다. 세이타 대표의 저서 《부자는 어떻게 자산을 남기는가》(아사출판)를 추천한다. 서점에 가면 꼭 한번 찾아보기 바란다.

② 기본급을 올린다

우리 회사는 야근 단축으로 발생한 이익으로 직원들의 기본급을 인상했다. '노사 임금 협상 결과 기본급을 일률적으로 5000엔 올렸다'는 기업들도 있는데, 이렇게 매년 봄에 노사 협상을 통해 임금을 일률적으로 올리는 것과는 차원이 다르다. 우리 회사가 단행한 것은 임금표에 명시되는 기본급의 인상이다. 통상적인 임금 인상은 직책이 높든 낮든 상관없이 같은 금액이 오르지만, 우리 회사의 기본급 인상은 임금표 자체가 바뀌는 것이기 때문에 직책이 높을수록 기본급의 지급액이 높아지는 구조이다.

5. 생산성 향상에 인건비를 아끼지 마라

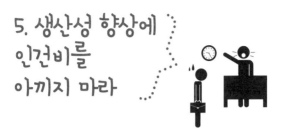

인건비를 줄여 이익을 늘리려는 발상은 안 된다

많은 사장들이 '어떻게 하면 돈을 지불하지 않고 일을 시킬까?' 고민할 때, 나는 월급을 많이 줘서라도 '생산성이 높은 일을 시키기 위해' 고민한다. '짧은 시간 일을 시키고 월급을 많이 주는 회사'와 '월급은 적은데 일을 많이 시키는 회사'가 있다면 당연히 전자의 종업원의 정착률이 높을 것이다. 수많은 회사들이 인건비를 줄이기 위해 야근 대책을 세운다. 하지만 인건비를 줄여 회사의 이익을 늘리려 해서는 안 된다.

■ **무사시노의 매출(단위: 만 엔)과 야근 시간의 추이**

	총매출	그 중 더스킨 사업부	월간 평균 야근 시간
52기 5월 (2015년 5월)	5,151	2,375	45시간 5분
53기 9월 (2016년 9월)	5,765	2,468	27시간

야근 40퍼센트 단축! 총 매출 증가율 112퍼센트!

　우리 회사는 '근무 시간은 줄이면서 생산성은 높인다', '직원들의 가처분소득을 늘린다(줄이지 않는다)', '직원 교육에 투자해 업무 스킬을 향상시킨다', '직원의 건강을 지킨다' 등 직장 환경을 개선하기 위해 야근 단축에 힘쓰고 있다. 그 결과 야근은 줄고 매출은 향상되고 있다.

　보통의 사장들은 적은 월급에 능력 있는 인재를 고용하려 한다. 반면 직원들의 대부분은 자신의 능력 이상의 월급을 받으려 한다. 무사시노는 직원들의 실력에 맞춰 월급을 지불한다. 연령이나 직책과 상관없이 열심히 하면 할수록 수입이 느는 구조는 우리 회사 월급 체계의 큰 특징이다. 성과가 나오지 않으면 기본급의 승급액은 적어지고 성과가 나오면 승급액은 두 배가 된다.

어느 해는 상여금을 가장 많이 받은 직원과 가장 적게 받은 직원의 차이가 무려 72배나 났다. 기회는 평등하게 주고 성적에 따라 차등을 두는 것이 진정 공평한 것이다. 인사 고과 시스템의 상세한 내용에 대해서는 나의 졸저 《돈 잘 버는 사장의 인사고과 규칙 세우는 법》(KADOKAWA)를 참고하기 바란다.

파트타이머와 아르바이트의 활력은 실적과 정비례한다

파트타이머와 아르바이트에게는 '높은 시급으로 단시간 일을 시킨다'는 것이 우리 회사의 기본 방침이다. 월급은 일률적으로 정해신 금액이 이니라 부문장의 재량에 따라 금액을 결정한다. 시급을 올리면 능력 있는 사람을 채용할 수 있다. 능력이 없는 사람을 고용해 야근 수당을 지급하는 것보다 시급이 비싸도 능력 있는 사람을 고용하는 것이 생산성이 오른다.

우리 회사 전 종업원의 약 4분의 3은 파트타이머와 아르바이트(비정규직)이다. 우리 회사에서는 파트타이머와 아르바이트라고 해도 잠깐 하다 그만둘 생각으로 일하는 사람은 없다. 근속 30년 이상 된 베테랑 아르바이트가 있는가 하면, 과장 직함을 단 파트타이머도 있다. 파트타이머에게 정직원이 꾸중을 듣기도 하고 실적 평가 재량권이 주어지기도 하는 등 보기 드문 풍경도 펼쳐진다.

무사시노의 '경영계획서'에는 '파트타이머, 아르바이트, 계약직 직원에 관한 방침'이 명시돼 있다. 파트타이머, 아르바이트, 계약직 직원의 지위나 처우를 명확히 함으로써, 그들의 일에 대한 의욕과 로열티를 올리기 위함이다. 파트타이머와 아르바이트에게도 직무 내용, 근무 시간대, 직책 등에 따라 월급을 지불하고 있다. 실력에 따라 시급을 조정하고, 어려운 일, 전문성을 요하는 일을 하는 사람과 보조적인 간이 노동을 하는 사람은 월급에 차등을 두고 있다. 1년 이상 재직한 파트타이머와 아르바이트에게는 상여금도 지급한다.

상여금은 포인트제(10포인트 만점)로, 상사의 절대 평가, 환경 정비(매일 아침 청소, 정리정돈 활동), 공부 모임 및 사내 행사 참여 상황 등에 따라 포인트가 가산된다. 상여금은 원래 상한 5만 엔(반기 2만5000엔)이었으나, 야근 단축으로 이익이 발생해 현재는 그 두 배인 상한 10만 엔(반기는 5만 엔)이 됐다. 포인트가 10인 사람과 0인 사람의 상여금은 10만 엔의 차이가 난다.

20년째 재직 중인 파트타이머 히가시 사카에(東 さかえ, 영업 지원) 씨는 "고과표와 상사와의 면담 결과에 따라 평등하게 평가받을 수 있어 자극이 됩니다. 야근을 줄이면 파트타이머에 대한 고과도 올라가기 때문에 자연스럽게 업무 개선에 적극적으로 임하게 됩니다"라고 말한다.

중소기업에서 파트타이머와 아르바이트의 업무에 대한 의욕은 실적에 비례한다. 그렇다면 파트타이머와 아르바이트도 직원들과 똑같이 평가해 열심히 일한 만큼 대가가 돌아가도록 하면 회사의 실적은 향상된다.

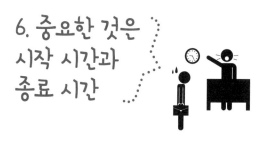

6. 중요한 것은 시작 시간과 종료 시간

왜 종료 시간을 정하면 질이 향상될까?

'오래 일할수록 그만큼 성과가 좋다'고 생각하는 사람들이 많다. 그러나 사실 시간과 업무 성과는 반드시 비례하지 않는다. 노력이란 성과가 나오도록 힘쓰는 것이다. 적은 시간 동안 큰 성과를 올릴 수 있다면 그 노력은 가치가 있다. 그러면 어떻게 하면 야근하지 않으면서 성과를 올릴 수 있을까?

업무 관리에서 중요한 포인트는 업무의 시작 시간과 종료 시간을 정하는 것이다. 그 중에서도 특히 중요한 것이 바로 종료 시간이다. 종료 시간을 정하면 집중해서 일하게 돼 단시간에 질 높은 일을 할 수 있다. 학창 시절에 벼락치기를 해서 나름대로 괜찮은 점수를 받았다면 그것은 마감 효과가 있었기 때문일 것이다. 사람은 시간이 촉박해지면 마음을 다잡고 집중하게 된다.

일이 늦거나 야근이 많은 사람들의 공통점은 '일을 시작하는 시간만 정해 놓고 끝나는 시간은 정하지 않는다'는 것이다. '이 일은 3시간 정도 걸리니까 ○시부터 시작하면 되겠군', '이 일은 3일은 필요하니까 ○일부터 시작하면 되고'라는 식으로, 업무량이나 난이도에 따라 소요 시간을 예측해 시작 시간은 정하지만 종료 시간은 정하지 않고 일단 진행한다. 그렇기 때문에 밤늦게까지 일을 끌어안게 되는 것이다.

평소 종료 시간을 정하지 않고 되는 대로 하다 매번 야근을 하던 직원이 만약 내일은 송별회가 있으니까 오후 6시에 일을 마치고 회사를 나가야겠다고 정한다면, '평소보다 30분 일찍 출근해야지', '점심시간을 아껴야겠군', '아르바이트 직원의 도움을 받아야겠어', '평소라면 걸어갔겠지만 오늘은 택시로 가야겠다'라는 식으로 시간을 조정해, 어떻게든 오후 6시까지는 일을 마치려고 궁리를 하게 될 것이다.

평소 하던 대로 하면 오후 6시까지 일을 마치는 것은 무리이다. 하지만 종료 시간이 정해지면 '제한된 시간 내에 지금까지와 같은 성과를 올리려면 어떡하면 좋을지' 고민해 업무 처리 방식을 개선하게 된다.

더스킨 사업부 고가네이 지점의 2년차 직원인 하리야마 고키(針山 晃希) 씨는 '야근을 못하게 되면서 업무 처리 방식을 바꾸게 됐다'고 말한다.

"저는 하루에 50~70곳 정도 루트 세일즈를 합니다. 지금까지는 밤 7시까지 고객점을 돌고 지점으로 돌아와 정산을 하느라 밤 10시까지 남아 있었습니다. 야근 시간은 월 80시간 정도 됐습니다.

그런데 지금은 늦어도 오후 6시, 이르면 오후 5시에는 회사로 돌아옵니다. 종료 시간이 정해지면 지금까지와 같은 방식으로는 일을 끝낼 수 없습니다. 그래서 방문 순서를 바꾸거나 아이패드로 빈 시간을 활용하는 방식으로 시간을 절약하고 있습니다. 그랬더니 월 80시간 정도 됐던 야근 시간이 지금은 약 30시간으로 줄었습니다."(하리야마 씨)

시간에 '일'을 배분한다

무사시노의 사장은 누구보다 많은 안건을 처리하고 또 계속해서 성과를 올려야 한다. 우리 직원들은 내가 일하는 것을 보고 사장이 되고 싶지 않다고들 한다. 직원들은 농담 반 진담 반으로 "무사시노의 사장이 되면 너무 바빠서 죽고 말 거다"라고 한다(웃음). 나는 매일 약 850명의 종업원을 지휘한다. 그리고 경영컨설팅 회원사들을 컨설팅하고, 연간 240회의 강연, 세미나, 고객 방문을 하며 1년에 몇 권의 책을 집필한다. 밤에는 누구한테 뒤질세라 많은 술자리에 참석한다(웃음). 다들 "어떻게 그렇게 많은 일을 하세요?"라며 놀라지만 이렇게 일할 수 있는 이유는 '시간에 일을 배분하기 때문'이다.

예를 들어 '이 일은 1시간 동안 처리해 ○시에는 끝낸다'라고 정하면 1시간 후에는 무슨 일이 있어도 끝낸다. 매일 분 단위로 스케줄이 있기 때문에 시간을 지체할 수 없다. 그래서 정해진 시간 내에 끝내려 노력한다.

마감 시간을 늦추면 왜 잔업이 줄까?

주식회사 와타나베주켄(渡辺住研)(사이타마현/부동산 임대업체)의 와타나베 다케토(渡辺 毅人) 사장이 한번은 내게 "고야마 사장님이 좋아하실 만한 이야기가 있습니다"라고 하기에 들어 봤더니, '빨리 퇴근하라고 직원들에게 말을 해도 안 듣기에 자신이 백기를 들었더니 야근이 줄었다'는 것이다.

"저희는 예전에는 막차를 겨우 잡아타고 귀가하는 회사였습니다. "빨리 퇴근들 하라"고 제가 아무리 말해도 다들 듣지를 않더군요. 그래서 제가 포기하고 점포 오픈 시간을 늦췄습니다. 어차피 늦게까지 회사에 남을 거면 오픈시간이라도 늦춰야지 그렇지 않으면 직원들의 건강을 해치겠더라고요.

그때까지는 9시에 오픈을 했는데 단계적으로 늦춰 2009년 7월에는 10시 30분에 오픈했습니다. 결국 제가 진 거죠. "내가 말해도 늦게까지 회사에 남아 있으니 출근이라도 천천히 하라"고 내린 결정이었습니다."(와타나베 사장)

이렇게 출근 시간을 늦췄더니 와타나베 사장이 생각지도 못 했던 일이 벌어졌다.

"오전 10시 반에 문을 열면 1시간 반만 있으면 점심시간입니다. 오전 시간이 짧아지자 직원들의 의식이 바뀌기 시작했습니다. '금세 오전 시간이 끝나니 시간이 없다. 어영부영하고 있을 새가 없다'고 생각하게 된 것입니다. 결과적으로 점포 오픈 시간을 늦췄더니 야근이 줄어 일찍 퇴근하게 됐습니다."(와타나베 사장)

예전의 와타나베주켄 직원들 마음속에는 '어차피 오늘도 늦는데 천천히 하면 되지'라는 안이한 생각이 분명 있었을 것이다. 그런데 오픈 시간을 늦추자 시간을 쓰는 방식이 달라져 자투리 시간을 알뜰하게 쓰게 되면서 일이 원활하게 진행되게 된 것이다.

"시간이 있다고 생각하면 늘어지게 됩니다. 그런데 시간은 얼마 없는데 이것저것 처리해야 할 일이 많으면 마음이 급해져 시간을 알뜰하게 쓰게 됩니다. '이런 이상한 일도 있나?' 싶어 저도 충격을 받았습니다."(와타나베 사장)

종료 시간을 정하면 업무 방식이 바뀌는 이유

20시간 야근을 30분으로 줄이는 비결

원래 하던 대로 하면 작업 시간을 줄일 수 없지만, 종료 시간이 정해지면 업무 방식이 바뀌게 돼 있다. 더스킨 사업부의 이치쿠라 유지(市倉 裕二) 총괄 본부장은 직속인 4개 부문(세일즈 2개 부문, 배송, 상품 관리 부문)의 야근 시간을 줄이기 위해 다양한 업무 개선 노력을 하고 있다. 4개 부문 가운데 세일즈 2개 부문은 2년 전까지는 월 평균 야근 시간이 80시간이 넘었다. 야근 때문에 회사를 그만두는 직원이 끊이지 않아, 이치쿠라 총괄 본부장은 근본적인 대책을 마련해야만 했다. 먼저 각 영업소의 퇴근 시간을 19시로 정하고 '19시에 퇴근하게 하려면 어떻게 하면 좋을지' 고민했다.

"영업소에는 네트워크 카메라가 설치돼 있어(→138쪽) 영업소 내부를 실시간으로 확인할 수 있습니다. 그래서 19시에 영상으로 사람이 남아 있는지 확인하면 되는데, 이것을 어떤 방식으로 할지 고민하다 서로 지점을 바꿔서 하기로 했습니다. 다치카와(立川)센터의 센터장에게는 무사시노 센터를, 무사시노 센터의 센터장에게는 다치카와 센터를 확인하도록 한 것입니다. 이렇게 서로 바꿔서 하면 거짓말을 못 합니다. 그리고 마지막으로 제가 확인해서 정말로 야근하지 않는지 확인합니다.

만일 19시가 지나서도 직원이 남아 있을 때는 해당 센터장에게 1000엔의 벌금을 물립니다. 어떤 달은 벌금이 3000엔밖에 모이지 않은 적도 있습니다. 이것은 19시 퇴근을 어긴 날이 4개 부문을 합쳐도 3번밖에 없었다는 이야기입니다."(이치쿠라 총괄 본부장)

이치쿠라 총괄 본부장은 19시에 직원을 퇴근시키기 위해 업무 내용도 바꿨다. 이전의 세일즈 부문은 18시, 19시경에 거래처에서 영업소로 돌아와 그때부터 정산(전표 등록 및 매출 입금 등)을 했다. 정산은 시간이 걸리는 작업이기 때문에 모든 업무가 끝나면 22시가 넘는 경우도 있었다. 그래서 이치쿠라 총괄 본부장은 이 방식을 대대적으로 뜯어고쳤다.

"일반 가정의 경우 낮보다는 저녁 이후에 집에 있을 확률이 높습니다. 그렇기 때문에 정산을 밤에 하지 않고 낮에 일단 영업소로 돌아와 정산을 마치고 밤에 다시 세일즈를 나가는 것이 효율적입니다.

그리고 한 가지 더 손을 본 것이 있습니다. 우리 회사는 영업 지역이 넓어서 세일즈를 마치고 영업소로 돌아오는데 1시간 정도 걸리는 직원도 있었습니다. 그래서 자전거로 30분 이내에 영업소로 올 수 있도록 영업 지역과 거점을 새로 짰습니다."(이치쿠라 총괄 본부장)

이치쿠라 총괄 본부장의 이러한 노력은 바로 결과로 나타났다. 평균 80시간이었던 세일즈 두 개 부문의 야근 시간은 각각 22시간과 12시간까지 줄었다. 상품 관리 부문은 2년 전에는 20시간이었지만 지금은 '30분'까지 단축됐고 영업 성적도 올랐다.

퇴근 시간과 실적을 포인트화 해 매일 메일로 발송

2016년 8월부터 '세일즈 퍼포머(Sales Performer)'라는 클라우드형 영업 지원, 실적 관리 그래프 시스템을 도입해 퇴근 시간을 관리하고 있다. 이 도구는 원래 영업 성적을 올릴 목적으로 도입된 것이다. 이 시스템을 이용하면 스마트폰이나 태블릿 PC로 실시간으로 매출 그래프나 순위를 확인할 수 있다.

이 데이터를 토대로 퇴근 시간과 실적에 순위를 매겨 '일찍 퇴근하기 프로젝트 일간 다이제스트 속보'라는 메일을 보내기 시작했다. 포인트로 일찍 퇴근하기 프로젝트의 성과를 가시화하면 직원들이 더 적극적으로 일찍 퇴근하게 만들 수 있다.

포인트 항목

지점 및 영업소의 구성원이 모두 퇴근한 시간이 포인트가 된다.

19시까지	5포인트
19시 1분~19시 30분	4포인트
19시 31분~20시	3포인트
20시 1분~20시 30분	2포인트
20시 31분~21시	1포인트
21시 1분 이후	0포인트

어제 퇴근 시간 포인트 랭킹(예)

【1위】고가네이 홈(남)	5포인트
【1위】다치카와 DD	5포인트
【1위】무사시노 D	5포인트

【1위】워터	5포인트
【5위】고가네이 홈(동)	4포인트
【6위】고가네이 비즈니스	2포인트
【6위】제3 지점(동)	2포인트
【6위】제3 지점(서)	2포인트
【9위】제2 지점(동)	1포인트
【9위】TMX	1포인트

제약이 있으면 궁리하게 된다

근속 22년차인 마쓰우라 마사키(松浦 正季, 제2지점, 남쪽 구역) 씨는 종료 시간이 정해지면서 '항상 느긋했던 영업소 분위기가 확 바뀌었다'고 말한다.

"종료 시간이 정해지면 그 시간까지 무슨 일이 있어도 끝내야 한다는 생각에 쫓기게 됩니다. 술집에서 술 한 잔 하고 있을 때 점원이 "저희 마감시간은 11시까지입니다"라고 하면 더 마시고 싶어도 나갈 수밖에 없잖아요. 그것이랑 똑 같습니다.(웃음)

2016년 전국 고교 축구 선수권 대회에서 고쿠가쿠인(國

學院)대학교 구가야마(久我山) 중고등학교가 준우승을 했는데, 이 학교는 운동장을 야구부와 함께 써야 해서 축구부가 쓸 수 있는 공간은 운동장의 절반밖에 되지 않았다고 합니다. 게다가 평일 연습 시간은 2시간으로 정해져 있었고 아침 연습도 금지돼 있었습니다. 운동하기 좋은 환경은 아니었는데, 이런 제약이 있으면 사람들은 머리를 쓰게 됩니다. 그래서 준우승까지 하게 되지 않았을까 생각합니다. 저희 일도 마찬가지입니다. '이 시간까지'라는 제약이 있기 때문에 '어떡하면 좋을지' 고민하게 됩니다. 그것이 좋은 결과를 낳은 것이라고 생각합니다."(마쓰우라 씨)

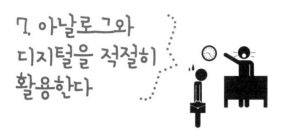

7. 아날로그와 디지털을 적절히 활용한다

본사 건물은 낡았지만 시스템은 최첨단

무사시노는 다양한 IT 도구를 이용해 수치 및 성과의 공유, 종이를 사용하지 않는 '페이퍼리스(Paperless)회'를 발 빠르게 추진해 왔다. 직원, 파트타이머, 신규 졸업자 채용 내정자들에게 아이패드(iPad, 태블릿 PC)를 나눠주거나(600대 도입), 고객의 목소리 및 현장의 정보를 바로 사장에게 전달하기 위한 시스템 구축에 힘써, 불필요한 업무나 비효율적인 부분을 철저히 개선해 야근 시간을 크게 단축하고 있다.

내가 사내 디지털화를 처음 추진한 것은 1993년이다. 일본 최초의 인터넷 세미나에 참석했던 나는 무슨 이야기인지 다 이해하지는 못했지만 인터넷을 도입하기로 결정하고 IT화를 추진했다. 그 결과 중소기업으로서는 선진적인 IT 활용 기업으로 주목 받아, 2001년도에는 '경제산업대신상'을 수상했다.

얼마 전 1조 엔 규모의 한 대기업(건설업계에서는 유명한 상장회사)의 시스템 부장이 무사시노를 벤치마킹하러 온 적이 있었다. 호스트 컴퓨터host computer, 정보처리 시스템에서 중심적인 역할을 담당하는 범용 컴퓨터 _역주를 아이패드로 움직이는 우리 회사 시스템을 보고 놀라워하며 이런 말을 했다.

"우리 회사도 IT화가 진행되고 있습니다만, 무사시노 따라가려면 한참 멀었습니다."

많은 회사들이 훌륭한 시스템을 도입하고 있지만, 그 시스템을 움직일 수 있는 사람은 많지 않다. 그러나 우리 회사는 직원, 파트타이머, 아르바이트 가릴 것 없이 모두 인터넷에 접속해 일을 할 수 있다. 중요한 것은 IT 이용 기술과 이를 조직원 전원이 사용할 수 있느냐이다. 60세가 넘은 사람도 IT 도구를 잘 쓰는 것은 쓸 수밖에 없는 시스템을 갖추고 있기 때문이다.

우리 회사의 월급 명세서는 종이가 아니라 사이보우즈 Cybozu, 정보기술 업체 _역주사의 가룬Garoon, 조직 내 정보 공유 및 커뮤니케이션을 지원하는 소프트웨어 _역주를 이용해 전달한다. 이렇게 하면 사이보 우즈의 가룬에 로그인을 해야만 확인할 수 있기 때문에 누구 나 사이보우즈의 가룬을 쓸 수 있게 된다.

또, 아이패드 사용에 제한을 두지 않고 어떤 용도로든 사 용할 수 있도록 하고 있다. 회사에서 받은 단말기로 친구나 가족들에게 전화를 걸거나 LINE을 해도 좋고, 집에서 이런 저런 검색을 할 때 써도 상관없다. 이렇게 사적인 사용을 허 용하는 것은 수시로 써야 기기를 잘 다룰 수 있게 되기 때문 이다. 개인적으로 쓰지 못하면 업무적으로도 쓰지 못한다. 이렇게 한다고 해서 개인적으로 다운 받은 어플 비용을 회사 에 청구하는 직원은 없다. 왜냐 하면 직원들이 다운로드하 는 것은 대개 '누가 보면 곤란한 것들이기 때문'이다(웃음).

본사 사옥은 1971년에 지어져 솔직히 겉으로 보기에는 너 덜너덜하다(웃음). 하지만 시스템과 이용 기술은 일본에서 최첨단이라 자부한다. 이 양면성이 우리 회사의 강점이다.

인풋은 디지털, 아웃풋은 아날로그

IT화를 추진할 때 중요한 것은 아날로그와 디지털의 범위를 명확히 나누는 것이다. 아날로그가 유리한 부분은 무리해서 디지털화하지 않는 것이 좋다. 간단히 말하면 '인풋은 디지털, 아웃풋은 아날로그', '고객에게 보이지 않는 곳은 디지털, 접객이 이루어지는 곳은 아날로그'가 기본이다.

영업이나 직원 교육은 수고스럽더라도 아날로그로 해야 회사가 강해진다. 그러나 창고 등은 가능한 IT화해 시간을 절약한다. 주소록 등은 디지털로 관리하는 것이 편리하지만, 감사의 편지나 안내장을 보낼 때는 손 편지나 엽서가 상대의 마음에 전해진다.

호쿠료(北良) 주식회사(이와테(岩手)현/가스 판매 업체)는 가정용, 산업용, 의료용 가스의 공급 및 판매와 관련 서비스의 제공을 통해 고객과 지역에 기여하는 것을 목표로 하는 기업이다. 의료용 분야에서는 원격 경보 시스템을 도입해 병원 내 의료 가스의 잔량과 공급 설비의 상황 등을 체크하고 있다. 이를 기반으로 가스가 갑자기 떨어지는 상황을 막고 효율적으로 배송하고 있다.

한편 개호 시설에서는 인터넷이 안 되는 경우도 있어 종이(FAX)로 일을 처리할 때도 있다. 호쿠료는 이렇듯 상황에 따라 디지털과 아날로그를 적절히 사용해 고객을 지원하고 있다.

"인터넷은 안 돼도 팩스는 어느 시설에든 있기 때문에 자주 하는 질문에 대한 답변은 팩스로 보내거나 요점을 정리한 종이를 시설에 붙여 둡니다. 그렇게 하면 영업직원이 직접 가지 않더라도 해결할 수 있는 경우가 있습니다. 이런 세세한 부분을 개선하는 방법으로 시간을 단축해 나가고 있습니다."(가사이 겐(笠井 健) 사장)

8. 야근을 줄이고 싶다면 IT 투자를 아끼지 마라

아이패드 투자를 '아깝다' 생각하는 헛똑똑이 사장

무사시노에서는 파트타이머, 아르바이트, 입사 내정자에 이르기까지 모든 상용 고용자에게 태블릿 PC(iPad나 iPad mini 600대)를 지급하고 있다. 금액으로 환산하면 '수천만 엔 규모의 투자'이다. 보통의 사장들이라면 아마도 돈이 아까워서 직원이면 몰라도 파트타이머나 아르바이트에게까지 지급하는 경우는 없을 것이다.

그러나 나는 상용 고용자 전원에게 지급하지 않는 것이 오히려 아까운 일이라고 생각한다. 아이패드를 상용 고용자가 쓸 수 있게 되면 창고 등의 IT화가 진행돼 야근이 줄어 이익을 올릴 수 있기 때문이다. 그리고 또 한 가지는 IT 기기를 대량으로 도입하면 모두 같은 단말기를 쓰기 때문에 종업원들끼리 '사용법을 서로 가르쳐 줄 수 있다', '기종과 인프라가 같아 부서 이동이 있어도 스트레스 없이 일을 시작할 수 있다'는 장점이 있다.

IT에 대한 투자를 '아깝다', '비싸다'고 생각하는 것은 돈을 버는 계산식을 갖고 있지 않다는 증거이다. 숫자를 제대로 보지 못하기 때문에 야근 문제에 손을 대지 못 하는 것이다. 단순 계산으로 시급이 1000엔(실제 야근 수당은 더 비싸다)이면 월 40시간에 4만 엔, 두 달이면 8만 엔이다. 태블릿 PC 한 대를 8만 엔에 사도 두 달이면 잔돈이 남는다. 실질적인 상각은 두 달로 끝나기 때문에 나머지 열 달은 순이익이 된다. 그리고 야근이 줄면 수도·광열비도 준다. 다시 말해 1대에 8만 엔 하는 태블릿 PC는 '싸게 치는 것'이다.

아이패드를 도입했을 당시에는 나도 '전화 요금(통신 요금)이 아깝다'는 생각에 200대는 셀룰러 모델(휴대전화와 마찬가지로 장소 제한 없이 사용할 수 있는 모델)로 하고 나머지 300대는 와이파이 모델로 했다. 그런데 와이파이 모델은 와이파이 환경에서만 사용이 가능하기 때문에 길거리에서 사용하기에는 불편함이 있었다. 기껏 아이패드를 가지고 나가도 와이파이 환경이 아니면 쓸모가 없었던 것이다.

그래서 모두 셀룰러 모델로 교체했다. 전화 요금은 늘었지만 언제 어디서든 아이패드를 쓸 수 있기 때문에 일의 효율성이 올라 야근 수당이 줄었다. 결과적으로 늘어난 전화 요금보다 야근 수당이 크게 줄어 생산성이 향상됐다.

IT 기기로 정보 공유화에 성공한 파친코 업체

지역 밀착형 성인 오락실 체인(파친코, 파치슬로 업체)을 운영하는 오자키 엔터프라이즈 주식회사(도쿄도/성인 오락실 운영 업체)도 IT화를 통해 야근 시간을 단축하고 있다.

"파치슬로는 매일 기종별로 나오는 구슬의 비율을 설정합니다. 우리 회사에서는 지금까지 이 비율 데이터를 점장이 매일 아침 점포에서 뽑아서 확인한 다음 비율을 설정했습니다. 그래서 점장은 항상 아침 일찍 출근해야 합니다. 어떨 때는 다른 사람들보다 2시간 이상 일찍 출근하는 경우도 있었습니다.

그래서 데이터를 클라우드화 했습니다. 그럼 점포에 나가지 않고도 태블릿 PC로 확인해 지시를 내릴 수 있기 때문에 점포에 있는 시간을 줄일 수 있습니다. 실제로 아이패드와 웹서비스를 도입한 후 야근 시간이 크게 줄었습니다. IT화를 추진한 결과 한 사람당 월 약 60~80시간 정도였던 야근이 최근 2년 동안 약 절반 수준인 30~40시간까지 줄었습니다."(오자키 유키노부(尾崎 幸信) 사장)

고객과 경쟁사는 항상 변화하기 때문에 기존의 방식으로는 생산성을 높일 수 없다. 오자키 사장은 '지금까지 해 왔던 것을 더 효율화하려면 어떻게 하면 좋을지' 고민하다 IT화를 단행했다. 그 결과 야근을 줄일 수 있었다.

"IT화라고 하면 어렵게 느껴질지 모르지만, 무사시노처럼 상용 고용자에게 태블릿 PC를 지급하지 않아도 할 수 있는 것들도 있습니다. 스마트폰에 LINE이나 채트워크를 깔아 정보를 공유하기만 해도 업무를 효율화할 수 있습니다. 지금까지 우리 회사에서는 "말했다, 안 했다", "들었다, 못 들었다"는 식의 불필요한 논쟁이 많아 일을 두 번 해야 하는 경우가 많았습니다. 그런데 일제히 정보를 보내면 기록이 남아 이런 논쟁은 사라집니다. 사내의 정보를 공유만 해도

일이 몇 배는 수월해집니다."(오자키 사장)

흥정은 할수록 손해

우리 회사는 서버, PC, 태블릿 PC, 프린터에 이르기까지 가능한 최신 기종을 사용한다. 아직 쓸 수 있는데 바꾸는 것은 아깝다는 생각이 들 수도 있지만, 회사를 경영할 때 이런 생각은 옳지 않다. 개인은 물건을 아껴 쓰는 것이 맞다. 하지만 회사는 물건을 자주 바꾸는 것이 옳다. IT 기기는 새 기종일수록 당연히 처리 속도도 빠르고 절전 효과도 크기 때문이다. 최신 기종의 프린터나 복사기를 사용하면 인쇄 시간이 단축돼 그만큼 야근을 줄일 수 있다. 전기 요금이나 잉크 값, 종이 값도 싸게 먹힌다.

그래서 우리 회사에서는 2015년에 전 영업소의 복사기를 모두 최신 기종으로 교체했다. PC도 최신 기종이 처리 능력이 뛰어나 그만큼 작업 효율이 오르기 때문에 정기적으로 교체하고 있다. 2016년에 오피스 컴퓨터를 교체하고 나서 업무 수행 능력이 실질적으로 두 배가 됐다.

많은 사장들이 시스템을 도입할 때(OA 기기를 구입할 때)

업자와 흥정해 가능한 깎으려고 한다. 그러나 나는 시작할 때 흥정을 일절 하지 않는다. 그 이유는 협상 시간이 아깝기 때문이다. 변화는 우리 회사의 사정을 봐주지 않기 때문에 내가 우선하는 것은 비용보다 스피드이다. 시스템을 개발할 때는 담당 직원에게 "시스템 회사에 개발비를 선지급 해도 좋으니 바로 시작하라"고 지시한다.

왜 1억 엔의 예산과 1년의 유예를 주었나?

나는 과거에 시스템부의 다카하시 유키(高橋 佑旗) 부장에게 1억 엔의 예산과 1년의 유예를 주고, 포스트 컴퓨터의 교체와 영업 지원용 프로그램 제작을 지시한 적이 있다. 1억 엔을 투자해 1억 엔 이상의 경비를 줄일 수 있다면 돈을 버는 것이다. 다카하시 부장은 '솔직히 처음에는 1억 엔이라는 돈이 어느 정도 규모인지 감이 오지 않았다'고 당시를 회상한다.

"처음에는 느긋하게 생각했는데 사장님으로부터 두 장의 명함이 붙어 있는 엽서를 받고 이제 빼도 박도 못 하겠구나 싶었습니다(웃음). 처음에는 셋이서 담당했는데, 도저히 감당이 안 돼 새로 4명을 채용해 7인 체제로 진행했습니다. 시스템이 완성되면서 영업직원이 외근을 나가서도 아이패드로 가상의 데스크톱을 거쳐 회사 시스템에 접속하거나, 대걸레나 매트를 셀 때 전표 계산이 수월해졌기 때문에 업무 효율성이 개선됐다고 생각합니다."(다카하시 부장)

예전에 회의 시스템에 트러블이 발생한 적이 있었다. 담당자 네 명이 시스템을 복구하기 위해 매일 새벽에 출근한다는 사실을 알게 된 나는 새로운 시스템으로 교체하라는 지시를 내렸다. 담당자 중 한 명이 '아직 1년 반밖에 안 썼는데 교체하면 아깝다'며 난색을 표하는 것을 보고 나는 화가 나서 나무랐다.

"안 돼! 버려. 자네들 이것 때문에 매일 아침 일찍부터 나와서 일하고 있잖아. 새벽 출근은 야근이나 마찬가지야!"

야근은 '악'이다. 시스템 복구를 위해 직원 네 명이 새벽에 출근하는 것을 방치하기보다 돈을 들여서라도 새로운 시스템으로 교체하는 것이 더 이득이다.

9. 투자를 주저하면 장기적인 이익까지 잃게 된다

4000만 엔 들여 최신 기기를 산 건설회사

주식회사 오다시마구미(小田島組)(이와테 현/건설업체)는 토목, 포장 공사 등 공공사업을 전문으로 하는 건설회사이다. 이와테 복구사업에도 앞장서는 등 지역사회 공헌에도 힘쓰고 있다. 지금까지 오다시마구미에서는 저녁 5시경까지 현장에 있다 사무실로 돌아와 실무 작업을 해야 했기 때문에 매일 두세 시간의 야근은 당연시 되는 분위기였다. 그래서 오다시마 나오키(小田島 直樹) 사장은 야근을 줄이기 위한 투자를 시작했다.

자동 추미 기능이 있는 계량기기를 도입한 것이다. 이 계량기기는 1대에 400만 엔이나 하는 고가의 장비이다. 이와테현 내에는 50대밖에 없는데 그 중 10대를 오다시마구미가 보유하고 있다. 이 장비 구입에 총 4000만 엔을 투자했다. 오다시마 사장이 4000만 엔의 투자를 주저하지 않았던 것은 돈을 버는 계산법을 알고 있었기 때문이다.

"같은 업계의 다른 회사 분들로부터 "어떻게 그렇게 과감한 투자를 하냐?"는 질문을 받는데 그 이유는 야근이 줄기 때문입니다. 지금까지 계량에는 두 명이 필요했는데, 이 기기가 있으면 혼자서 작업할 수 있습니다. 그럼 나머지 한 사람은 다른 일을 할 수 있기 때문에 효율적으로 시간을 쓸 수 있습니다. 게다가 이 계량기기가 있으면 신입사원도 현장에 투입할 수 있습니다. 지금까지는 계량 작업에 '열 개의 스킬'이 필요했다면 지금은 이 기기 덕분에 신입사원도 할 수 있게 됐습니다. 그래서 야근이 줄었습니다."(오다시마 시장)

오다시마 사장은 '투자한 4000만 엔은 장기적으로 보면 단점이 하나도 없다'고 생각한다.

"고야마 사장님한테 배운 것은 '돈은 모으기만 해서는 아무짝에도 쓸모가 없다. 돈은 써야 비로소 빛을 발한다'는 것입니다. 1000만 엔을 은행에 맡겨 봐야 1년 동안 만 엔도 붙지 않습니다. 그냥 잠만 잘 뿐이죠. 하지만 한 대에 400만 엔을 투자해 계량기기를 구입하면 당장은 400만 엔의 마이너스가 나도 기계가 가동되면 야근 수당이 줄고 신입사원도 투입할 수 있기 때문에 결과적으로는 돈을 버는 것입니다. 그렇다면 투자하는 것이 이득이죠."(오다시마 사장)

갓 졸업한 신입사원의 퇴사에 제동을 걸 비밀 병기

주식회사 미쓰이(三井)개발(히로시마(廣島)현/수처리업체)은 오수 처리 기술로 환경 보전에 기여하는 기업이다. 현대 미쓰이 개발에서는 영업용 차량에 독자적으로 개발한 내비게이션 시스템을 탑재해 시범 운용을 시작했다.

"일반 정화조 보수 작업의 경우 어느 시설을 어느 루트로 돌지는 각 담당자에게 일임하고 있습니다. 각 담당자는 전날 밤에 미리 시설이 있는 장소와 데이터(고객 카드)를 확인해 두는데, 지금까지 이 준비에 상당한 시간이 걸렸습니다.

그래서 정화 장치가 있는 곳(지도)과 고객 카드 정보를 내비게이션 시스템에 입력했습니다. 그러면 메모할 필요 없이 내비게이션에서 정보를 찾기만 하면 되기 때문에 일찍 귀가할 수 있지 않을까 하는 생각에서 도입하게 됐습니다."(미쓰이 류우지(三井 隆司) 사장)

현재 미쓰이 개발은 이 내비게이션을 회사가 보유하고 있는 90대 차량 가운데 25대에 탑재해 시범 운용 중이다. 운용을 시작한 지 다섯 달이 지났는데, 직원들의 반응도 좋고 성과는 매우 만족스러운 수준이다.

미쓰이 사장은 개발에 1000만 엔 이상의 비용이 들었지만, IT화를 위한 적극적인 투자가 장기적인 매출 향상과 노동 환경 개선으로 이어질 것으로 확신하고 있다.

"우리 회사에서도 신규 졸업자들을 채용하고 있습니다만, 이 신입사원들이 이직하는 원인 가운데 하나가 바로 복잡한 전날 준비 작업이었습니다. 이 내비게이션으로 준비 시간이 줄면 직원들의 스트레스도 줄 것입니다."(미쓰이 사장)

IT기기의 사용법에 대해서는 나의 졸저《IT 심리학-블랙 기업에서 탈피해 화이트 기업이 되기 위해 알아야 할 55가지》(프레지던트사)를 참고하기 바란다.

chapter 03

놀라운 성장률·
경비절감을 가져온
'야근 제로' 대책 9가지

우리 회사는 2014년에 야근 개혁을 시작했고, 그로부터 2년여 만에 직원 기준 1억 엔, 전 종업원 합계로는 1억 5000만 엔의 비용을 절감했다. 그러나 과제는 여전히 많이 남아 있어 여기에 만족할 수 없다. 야근 제로를 위해 더 박차를 가하고 있는 중이다. 이 장에서는 인건비 1억 5000만 엔 절감을 성공시킨 야근 제로 대책 9가지를 낱낱이 공개한다.

1. 상용 고용자에게 아이패드를 지급해 '공중전' 펼치기

1990년경에 미국과 구소련의 냉전이 종식됐다. 전쟁은 일어나서는 안 되지만, 전쟁이 최고의 테크놀로지를 낳는 것은 사실이다. 냉전 종식 후 두 가지 기술이 생겨났다. 하나는 시뮬레이션 기술이고, 또 하나는 인공위성이다. 이 두 가지 기술로 세계는 크게 바뀌었다. 컴퓨터화 및 IT화가 진행되면서 지금까지 죽창으로 싸워 왔던 회사들이 공중전을 펼칠 수 있게 됐다.

■ 아이패드 도입으로 저스트 인 타임 실현

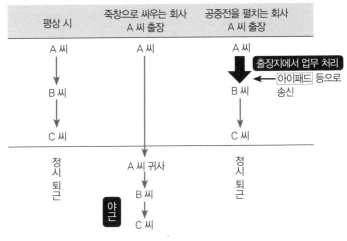

우리도 발 빠르게 컴퓨터화, IT화, 태블릿 PC화에 착수
한 덕분에 현재 무사시노는 압도적인 공중전을 펼치고 있
다. 아이패드를 도입해 필드(밖)에서 가능한 업무가 늘었다.
A 씨 → B 씨 → C 씨 순으로 처리되는 업무의 경우, A 씨가
하루 종일 외근이면 B 씨는 A 씨가 복귀할 때까지 일을 처
리할 수 없기 때문에 야근을 하게 된다. 그렇게 되면 결과적
으로 C 씨의 업무 처리도 늦어져 어쩔 수 없이 또 야근을 해
야 한다. 그런데 아이패드를 도입해 A 씨가 밖에서도 업무

를 처리할 수 있으면 B 씨, C 씨 모두 '저스트 인 타임'을 실현할 수 있다.

세 시간 걸렸던 재고 조사가 단 30초에 가능!

더스킨 사업부의 루트 세일즈 담당자는 아이패드를 도입하기 전까지는 복사한 납품 전표를 가지고 거래처로 갔다. 그리고 그날 영업이 끝나면 영업소로 돌아와 납품 전표에 기입한 내용을 토대로 데이터를 입력하는 정산 작업을 해야 했다. 월말에는 재고 정리까지 해야 하기 때문에 일이 끝나면 밤 12시가 넘는 경우도 있었다.

그래서 이런 일련의 작업을 효율화하기 위해 아이패드로 정산할 수 있는 시스템을 운용하고 있다. 당시 이 시스템 개발에 참여했던 미즈노 가즈타카(水野 和隆) 과장은 '현장의 목소리를 반영해 연배가 있는 사람들도 쉽게 사용할 수 있는 시스템을 만드는 데 주력했다'고 말한다.

"납품 전표를 사용하지 않고 아이패드로 데이터를 입력만 하면 정산이 되기 때문에 영업소로 돌아와 정산할 필요가 없습니다. 거래처에서 입력하면 되기 때문에 시간이 단축됩니다. 그리고 담당자가 입력한 데이터는 월말 재고 정리와도 연동됩니다.

아이패드를 사용하기 전에는 재고 정리에 3시간 이상 걸렸지만, 이제는 30초면 끝납니다. 매출은 실시간으로 집계되기 때문에 점장은 매출 정보를 언제 어디서든 확인할 수 있습니다."(미즈노 과장)

더스킨 사업부뿐만 아니라 경영지원사업부도 아이패드로 업무를 개선하고 있다. 예전의 경영지원사업부는 세미나 진행, 내방객, 비품 등을 종이로 된 체크 시트를 가지고 확인했다. 그러나 지금은 클라우드상에 있는 '전자화된 체크 시트'를 이용한다. 덕분에 세미나 장소에서 떨어진 곳에서도 모든 직원이 실시간으로 정보를 공유할 수 있다. 연락 사항 등도 각자 위치에서 아이패드에 입력하면 바로 클라우드상으로 공유된다. 최근에는 참가증에 기재한 바코드를 아이패드로 스캔하면 숙박, 친목회 확인뿐 아니라 과거 참석 이력까지 실시간으로 확인할 수 있다.

파트타이머들 중에는 아이패드를 모두 갖게 되면서 소통이 좋아졌다고 느끼는 사람도 있다. 2G 폰밖에 써 본 적이 없는 파트타이머가 아이패드를 지급 받고 처음으로 LINE을 사용해 보고는 "모두가 나를 동료로 받아 줬다"며 기뻐했다. 아이패드는 업무 효율화뿐 아니라 종업원들의 커뮤니케이션 도구로서도 한몫하고 있다.

경쟁사는 여전히 '죽창'으로 전쟁을 하고 있다. 그러나 우리 회사는 모든 종업원이 '공중전'을 펼치고 있다. '죽창'과 '공중전', 어느 쪽이 강하겠는가? 결과는 불을 보듯 뻔하다.

※직원이 만의 하나 아이패드를 분실하면 바로 초기화하는 소프트가 탑재돼 있어 정보 유출 등의 염려는 없다.

2. 네트워크 카메라를 설치해 영업소 내를 모니터링 한다

내가 "야근하지 말고 빨리 퇴근하라"고 하면 직원들은 "네!"라고 대답을 한다. 그러나 이 "네!"는 "무슨 말씀이신지 알아들었습니다!"라는 뜻이지, 바로 행동에 옮긴다는 보장은 없다.

"일찍 퇴근하고 있나?"라고 물으면 "네!"라고 대답하지만 실상은 그렇지 않다. 대답과 실제 행동은 전혀 딴판일 수 있다. 원래 사람들은 하란다고 다 하지 않는다. 어찌 보면 그게 정상이다.

그래서 나는 종업원의 건강을 지키기 위해 모든 영업소에 네트워크 카메라를 설치했다. 네트워크 카메라가 있으면 어디서든 영상을 실시간으로 확인할 수 있다. 관리직은 아이패드로 영업소 내를 모니터링 할 수 있어 늦게까지 남아 있는 직원이 있으면 출장을 가서도 퇴근을 재촉할 수 있다.

그런데 관리직은 네트워크 카메라의 영상을 매일 확인하고 있을까? "아니요! 하지 않습니다!"(웃음) 왜냐하면 일일이 확인하는 것이 귀찮기 때문이다(물론 전혀 보지 않는 것은 아니고 불시에 확인한다).

그런데 일반 직원들은 '상사가 보고 있을지 모른다'는 생각에 일찍 퇴근하려고 한다. 네트워크 카메라는 관리직이 모니터링을 하든 안 하든 설치하는 것만으로 야근을 억제하는 힘이 있다.

직원들 중에는 상사가 모니터링 한다는 사실을 알면서도 늦게까지 회사에 남아 있거나 휴일에 출근하는 사람도 있다. 그럴 때는 증거 사진을 찍어 "마루오카 마사유키(丸岡正幸) 과장은 상사의 말을 듣지 않고 일요일에 일을 했다. 반성문을 제출하라"는 내용의 전체 메일을 보낸다. 우리 회사는 '반성문 두 장이면 시말서, 시말서 두 장이면 상여금

50퍼센트 삭감'이라는 방침이 있다. 이렇게 엄격히 하면 창
피 당하는 것도 싫고 시말서 쓰는 것도 귀찮아서 일찍 퇴근
하게 된다.

3. 21시부터 4시까지 사내 네트워크 접속 금지

지금으로부터 약 5년 전 일본경영품질상을 수상한 적이 있는 A사 사장으로부터 이야기를 들을 기회가 있었다. A사에서는 '21시가 되면 사내 시스템의 호스트 컴퓨터에 접속할 수 없도록 했다'고 한다. 접속을 허가하면 늦게까지 일을 하지만 접속을 불허하면 일을 할 수 없기 때문에 야근을 단축시킬 수 있다. 이 이야기를 듣고 '좋은 아이디어!'라며 감탄했다.

언제든 야근할 수 있다고 생각하면 직원들은 늘어져서 야근을 하게 된다. 하지만 네트워크를 차단해 버리면 그 시간까지 끝내야 하기 때문에 집중해서 일을 하게 된다. 그러나 자칭 '모방의 천재'인 나도 당시에는 'A사의 시스템은 수준이 높기 때문에 당시 한참 뒤떨어져 있던 무사시노가 따라하는 것은 무리'라고 생각했다. 그로부터 1년 정도 지나 문득 이런 생각이 들었다. 'A가 해냈으면 우리도 가능하지 않을까? 그때 바로 따라 하지 않은 것은 그저 할 의욕이 없었던 것뿐이었다.'

우리 회사도 A사를 따라 네트워크 접속을 제한하기로 결정하고, 시스템부에 접속을 제한하는 프로그램 개발을 지시했다. 나는 경영계획 발표회에서 "앞으로는 21시 30분을 기준으로 사내 네트워크 접속을 금지한다"고 전 직원 앞에서 선언했다. 이는 21시 30분 이후로는 일을 하지 말라는 뜻이다. 21시가 아니라 21시 30분으로 한 것은 갑자기 A사와 똑같이 21시로 하는 것은 무리라고 판단했기 때문이다.

30분만 단축해도 연간 2400만 엔 절감에 성공

현재는 사내 시스템에 접속할 수 없는 시간이 21시 30분에서 30분 앞당겨진 21시~4시까지이다. 30분 앞당겨야겠다고 마음먹게 된 계기는 2014년 6~7월에 열린 '2014 브라질 월드컵'이었다.

'일본전'이 아침 출근시간대(아침 7시)에 중계돼 나는 "경기 당일은 두 시간 늦게 출근해도 좋으니 월드컵을 보고 출근하라"는 지시를 내렸다. 이럴 때는 정시 출근을 해도 마음이 딴 데 가 있어 일이 손이 잡히지 않을 것이 뻔했기 때문이다. 그러자 직원들은 박수갈채를 보내며 "우리 사장님 같은 분이 또 있을까? 하느님, 부처님, 고느님"이라며 좋아했다 (웃음). 그런데 신기하게도 업무 시작 시간은 두 시간 늦춰졌는데 업무가 끝난 시간이나 업무 처리량은 평소와 거의 차이가 없었다.

이 일을 지켜보면서 나는 '호스트 컴퓨터 차단 시간을 30분 앞당겨도 평소와 같은 업무량을 소화하지 않을까?' 하는 생각이 들었다. 그래서 며칠 후 전 직원이 참석한 공부 모임에서 '앞으로는 21~4시까지 사내 시스템 접속을 금지한다'는 방침을 발표했다. 그런데 월드컵 때와는 정반대로 직원들의 반발이 컸다. 찬성한 사람이 단 한 명도 없을 정도였다.

직원들을 위해서 '늦게까지 일하지 않아도 된다'는데 그렇게까지 반발하는 것을 보면 우리 회사 직원들도 꽤나 유별나다(웃음). 그만큼 야근 수당을 받고 싶다는 이야기일 것이다. "우리 사장님은 악덕 업주야. 괴물이야. 악마야"라며 손바닥 뒤집듯 태도가 돌변했지만(웃음), '업무 시작 시간을 두 시간 늦췄는데도 끝나는 시간은 같았으니 30분 정도에 불만은 없어야 맞다'며 직원들을 설득해 단행했다. 결과적으로 내 생각이 맞았고 우리 회사 야근 시간은 더 줄었다.

인건비가 '1시간에 1000엔'이라고 하자. '30분 빨라지면' 인건비가 500엔 준다. 직원이 200명이면 하루에 '10만 엔'씩 인건비가 절감된다. 한 달 출근 일수를 20일로 계산하면 월 200만 엔, 1년이면 2400만 엔이다. 딱 30분만 단축해도 1년이면 2400만 엔이나 인건비를 절감할 수 있다. 놀랍지 아니한가?

한 번에 큰 성과를 바라지 말고 작은 개혁을 차근차근 추진하자

처음부터 대규모 개혁을 추진하려 하면 잘 안 된다. 처음부터 큰 성과를 올리려고 하면 직원들이 따라가지 못 한다.

144

중요한 것은 지금 할 수 있는 작은 개혁들을 차근차근 추진하는 것이다. 성과는 조급해 하지 말되 속도는 올려야 한다.

프리마베라의 요시카와 사장도 '처음부터 무리하면 성과가 오르지 않는다'는 것을 실감하고 있다. 프리마베라는 야근 시간 단축(근무 시간의 목표)을 경영계획서에 명시하고 있다.

"2년 전에는 '월 100시간 이상 일해서는 안 된다'고 명시했습니다. 작년에는 '월 95시간 이상', 이번 기에는 '월 90시간 이상'이라고 명시했습니다. 이렇게 5시간 단위로 자른 이유는 5시간이면 무리가 없을 것이라고 판단했기 때문입니다. 한꺼번에 10시간을 단축하려면 생산성을 극적으로 올려야 하기 때문에 직원들에게 무리를 강요하게 될 수 있습니다."(요시카와 사장)

'막차 퇴근'에서 밤 8시 반 퇴근이 가능했던 비결은?

ISO종합연구소의 야마구치 사장도 '종업원들이 받아들일 수 있는 수준의 개선책이 아니면 성공하기 어렵다'고 생각한다.

"고야마 사장님은 언제나 '사장이 할 일은 결정하는 것이고, 직원이 할 일은 실행하는 것'이라고 하십니다. 그러나 우리 회사는 막차로 귀가하는 것이 당연한 분위기였기 때문에 '내일부터 일찍 퇴근한다'는 결정을 내려도 바로 실행에 옮기는 것은 불가능했습니다. 갑자기 큰 성과를 기대하기는 어렵습니다. 그래서 '하루에 1분만이라도 어제보다 일찍 퇴근하자'는 목표를 세웠습니다. '소걸음 전술'인데 결과적으로는 잘 됐습니다."(야마구치 사장)

이전의 ISO종합연구소는 직원들이 야근 중에 "근육 트레이닝을 한다", "고기를 배터지게 먹으러 간다", "직원 생일 파티를 한다"는 등 매우 자유분방한 분위기였다. 그러나 '하루 1분 개선'이 정착되면서 막차로 귀가하는 것이 당연했던 회사가 이를 실시한 지 세 달 만에 '밤 8시 반에는 퇴근할 수 있는 회사'로 바뀌었다.

4. '사무실 문 닫힌 시간'을 확인해 발표한다

　사내 네트워크에 접속할 수 있는 시간을 21시까지로 정하자 머리 좋은 우리 회사 직원들은 '컴퓨터가 없으면 할 수 없는 일(네트워크에 접속하지 않으면 할 수 없는 일)은 21시까지 끝내고, 그 이외의 일은 21시 이후에 처리하기 시작했다. 결국 야근은 사라지지 않았고 퇴근 시간도 그대로였다.

　그래서 이번에는 몇 시에 영업소 문을 닫았는지 확인하도록 했다. 보안업체로부터 영업소 문이 닫힌 시간(보안 장치를 세팅한 시간) 데이터를 전달 받아, 21시 30분까지 문을 닫은 날이 한 달에 며칠인지 수치화했다(→149쪽 표). 그런 다음 한 달에 한 번 있는 부문장 회의에서 '전년 동월 대비 어느 정도 빨라졌는지(어느 정도 늦어졌는지)' 발표하도록 했다.

문을 늦게 닫았다면 그것은 야근 때문이고 야근이 많다는 것은 부문장이 부하 직원 관리를 잘 못했기 때문이다. 문 닫은 시간을 공개하자 '빨리 문을 닫아야 한다', '빨리 직원들을 퇴근시켜야 한다'는 등 부문장의 의식이 바뀌면서 실시한 지 1년 만에 문 닫는 시간이 크게 개선됐다.

우리 회사는 '네트워크 카메라로 영업소 내 상황을 모니터링 한다', '21시부터 4시까지는 사내 시스템에 접속할 수 없다', '문 닫는 시간을 체크한다'는 세 가지 방침 때문에 직원들이 영업소에 남아 있을 수 없다.

■ 한 달에 한 번 있는 부문장 회의에서 발표되는 문 닫은 시간 데이터
(거점별, 21:30까지 세팅한 일수)

저점 별		5월	6월	7월	8월	9월	10월	11월	12월	1월	2월	3월	4월
고가네이 지점	전년	–	–	–	–	–	–	16	11	10	7	12	4
	실적	8	5	7	9	12	5	14					
고쿠분지(國分寺)지점	전년	–	–	–	–	–	–	15	17	11	14	17	22
	실적	19	14	15	18	14	13	18					
제2 지점	전년	–	–	–	–	–	–	10	10	13	12	12	12
	실적	14	10	13	17	19	9	16					
제3 지점	전년	–	–	–	–	–	–	21	11	18	13	11	10
	실적	15	12	16	17	15	11	19					
기치조지(吉祥寺)센터	전년	–	–	–	–	–	–	26	29	29	27	29	30
	실적	27	30	27	20	22	20	26					
다치카와센터	전년	–	–	–	–	–	–	18	17	21	20	25	26
	실적	30	29	30	27	15	18	16					
SM다치카와 MM다치카와	전년	–	–	–	–	–	–	17	15	25	21	21	22
	실적	29	10	15	12	14	7	9					
MM 고가네이/TMX	전년	–	–	–	–	–	–	28	25	30	28	30	30
	실적	29	30	30	28	27	26	26					
HI 다치카와	전년	–	–	–	–	–	–	27	27	25	25	30	29
	실적	29	30	30	30	29	30	30					
HI 고쿠분지	전년	–	–	–	–	–	–	28	26	30	28	29	30
	실적	28	30	30	30	29	26	29					
HI 미타카(三鷹)	전년	–	–	–	–	–	–	24	20	25	24	23	27
	실적	26	29	26	25	24	16	29					
HI 무사시노	전년	–	–	–	–	–	–	30	26	23	28	29	29
	실적	26	27	28	28	29	28	30					
HI 니시오기쿠보(西荻窪)	전년	–	–	–	–	–	–	28	29	29	27	29	30
	실적	30	29	30	30	26	28	29					
본사	전년	–	–	–	–	–	–	17	24	20	20	22	18
	실적	17	18	21	21	18	13	23					
경영 지원	전년	–	–	–	–	–	–	20	19	23	21	19	19
	실적	19	19	22	26	23	17	21					
IT 솔루션(시스템) 1월부터 본사 옆	전년	–	–	–	–	–	–	17	24	20	20	22	18
	실적	17	18	21	21	18	13	23					

사장이 아무리 '하라'고 해도 직원들은 하지 않는다. 그렇다면 할 수밖에 없는 시스템을 만들어 '좋은 것을 강제하는 것'이 사장이 할 일이다.

야근 시간을 '포인트화' 해 인사고과와 연동시킨다

주식회사 리큐어 스페이스 다이요(Liquor space 太陽)(야마구치(山口)현/소매, 주류 판매 업체)는 야마구치 현 내에서 지역 밀착형 편집 숍한 매장에 2개 이상의 브랜드 제품을 모아 판매하는 유통 형태 _역주을 11개 운영하고 있다. 리큐어 스페이스 다이요의 마감 시간은 21시(점포에 따라 다르다). 그러나 마감 후에도 직원들은 늦게까지 남아 있었다. 그래서 미노 사토히로(三野 智弘) 사장은 보안업체로부터 문 닫은 시간 데이터를 받아 야근을 관리하기 시작했다.

"마감 후에도 남아서 일을 하는 것이 일상이 되었고 밤 12시까지 남아 일하는 직원도 있었습니다. 신입사원들은 늦게까지 남아서 일하고 싶지 않아도 선배들 중에는 "우리는 옛날부터 이렇게 늦게까지 일해 왔으니 너희도 참고 견뎌라"라고 말하는 경우도 있어 먼저 퇴근하기 어려운 분위기였습니다.

그래서 저희 회사도 무사시노처럼 보안업체로부터 매달 데이터를 받아 문 닫은 시간을 인사고과(승급 및 상여금 평가)에 반영하기로 했습니다. 당연히 야근이 많은 점포는 인사고과점수가 낮아집니다.

좀 더 구체적으로 말씀드리면 마감 후 30분 이상 야근하면 '30분마다 1포인트'씩 고과 점수를 감점하는 구조입니다. 두 시간 야근하면 4포인트가 깎입니다. 그리고 점포별로 포인트 경쟁을 붙여 가장 야근이 적었던(포인트가 깎이지 않았던) 점포에는 포상금을 주고 있습니다. 이 시스템을 도입하고 나서 늦게까지 어영부영 남아있는 일이 사라졌고 마감 후 30분 이내에 퇴근하게 됐습니다."(미노 사장)

야근 개혁은 사장과 간부 간 원활한 소통이 관건

미노 사장은 야근 대책을 추진하기 전부터 유일하게 야근이 제로였던 '가와조노(川添)점'이 '좋은 모델이 됐다'고 말한다.

"가와조노점이 야근 제로에 성공했으니 다른 점포도 할

수 있다고 설득한 것이 직원들의 마음을 움직인 것 같습니다. 사장이 일방적으로 "야근을 없애라"고 명령하면 직원들은 반발합니다. 또 제가 "야근을 없애자는 것은 여러분들의 건강을 위해서"라고 말해도 직원들은 '인건비를 줄이려는 속셈'이라고 오해할 것이 뻔합니다.

그래서 저는 먼저 간부들과 의견 조율을 하기로 했습니다. 제가 나서서 '야근 개혁'에 대해 직원들에게 전달하지 않고 간부들이 전달하도록 했습니다. 일반 직원들에게는 사장보다 간부가 가깝기 때문입니다. 간부가 솔선해 일찍 퇴근하는 것이 제가 명령을 내리는 것보다 일반 직원들이 받아들이기 쉽습니다. 야근 문제를 해결하고 싶다면 먼저 사장과 간부 간의 소통을 원활하게 하는 것이 중요합니다."(미노 사장)

야근하기만해 봐!
네트워크 카메라는 설치하는 것만으로
야근을 억제하는 힘이 있다.

5. 휴일에 일할 때는 사전에 대체 휴가를 신청한다

얼마 전 무사시노 창립 이래 드디어 쾌거의 순간이 찾아왔다. 어떤 일이 벌어졌을 것 같은가? 일요일에 일한 사람이 단 한 명도 없는, 다시 말해 일요일에 출근한 직원이 제로인 날이 있었다. 나는 지금 휴일 출근을 없애기 위해 많은 노력을 기울이고 있다. 2016년부터 '일요일(휴일)에 일을 해서는 안 된다'는 방침을 세웠다. 이유는 두 가지이다.

직원의 건강을 지키기 위해

비즈니스의 지속 가능성을 높이기 위해서는 직원의 건강이 중요하다. 야근이 줄기는 했지만 직원들은 매일 밀도 높은 일을 소화해내고 있다. 당연히 피로가 쌓일 것이다. 그런데 일요일(휴일)에 일을 하면 피로를 풀 수 없다. 피로가 쌓인 채로 일을 계속하면 업무 수행 능력이 떨어지고 건강을 해칠 가능성이 있다. 그래서 일요일에는 확실히 쉴 필요가 있다.

직원의 가족을 위해

일요일에 아버지(어머니)가 일을 나가면 가족과 시간을 보낼 수 없다. 가정의 평화가 있어야 일도 있는 것이다. 우리 회사는 정책 공부 모임 등 전 직원이 참여하는 이벤트를 토요일에 할 때가 있는데, 종종 직원들이 "사장님, 그날은 아이 운동회가 있는데요"라며 의논을 해 올 때가 있다. 그럼 나는 그 자리에서 이렇게 대답한다. "운동회가 중요하지. 공부 모임에는 안 나와도 되니 운동회에 가게"라고.

고객의 사정으로 꼭 일요일에 일을 해야 할 때는 휴일에 출근하기 전에 대체 휴가 신청을 해야 한다. 신청하지 않고 휴일에 출근하면 휴일 출근 수당은 물론 야근 수당도 지급하지 않는다. 우리 회사의 직원들은 "쉬어!"라고 하면 "네, 알겠습니다" 하고 그대로 따르는 사람만 있지 않다. 그래서 강제적으로 쉬게 하는 시스템이 필요하다.

6. 단순하고 생산성이 낮은 일은 아웃소싱한다

우리 회사는 파트타이머와 아르바이트까지 포함하면 약 850명에 이르는 대식구이다. 그런데 경리 부문은 단 세 명뿐이다(직원 두 명, 파트타이머 한 명). 월차 결산의 경우 다음 날 저녁 6시에는 PL손익계산서 _역주과 BS재무상태표 _역주가 나온다. 총무 담당은 한 명밖에 없다.

경리와 총무 업무가 최소 인원으로 가능한 것은 직원들에게 완벽함을 요구하지 않기 때문이다. 경리와 총무에게 요구하는 스킬이 다른 회사가 100이라면 우리 회사는 90정도만 해주면 된다. 나머지 10은 아웃소싱(외주)을 하고 있다.

전문적인 일과 비생산적인 작업은 사내에서 처리하지 않고 아웃소싱을 한다.

무사시노는 이전에는 ISO와 P마크 인증 취득 및 운용을 직접 했는데, 지금 생각해 보면 매우 비효율적이었다. 담당자가 노하우를 터득해도 인사이동으로 담당자가 바뀌면 또 처음부터 다시 시작해야 한다. ISO와 P마크 취득도 시간과 수고는 많이 들지만 그 자체가 이익을 창출하는 것은 아니다. 그렇다면 아웃소싱을 하는 것이 낫다고 판단해, ISO종합연구소에 운용 대행을 맡겼다.

나는 모든 업무(작업)을 사내에서 처리해야 한다고 생각지 않는다. '효율적인 업무', '생산적인 업무'만 사내에서 처리하고, 그 외의 '효율성이 떨어지는 업무', '비생산적인 업무'는 아웃소싱을 하면 된다. 왜냐하면 단순하고 생산성이 낮은 업무를 종업원들에게 시키면 사기가 저하돼 이직의 원인이 되기 때문이다.

잡무가 줄면 당연히 야근 시간도 줄어 일찍 퇴근할 수 있다. '사람을 구하기 힘든 시대'에는 사람들이 회사를 떠나지 않게 하는 것이 중요하다. 그렇다면 더더욱 단순 작업이라도 아웃소싱하는 것이 옳다. 사장의 업무는 직원들이 일하기 좋은 환경을 만드는 것이다.

오다시마구미의 오다시마 사장은 야근을 줄이기 위해 적극적으로 아웃소싱을 활용하고 있다.

"예전에는 건설현장 사무소(건설 현장에 정해진 기간 동안만 설치되는 사무소)를 저희 회사 직원들이 설치했습니다. 그런데 지금은 아웃소싱을 하고 있습니다. 그리고 팸플릿이나 포스터는 사내 제작했었는데 지금은 전속 여성 디자이너에게 맡기고 있습니다."(오다시마 사장)

A4 1장에 포인트만 쓴다

기획서, 제안서는 A4 1장에 포인트만 쓴다

우리 회사 직원들은 공통의 이해와 가치관이 공유돼 있어 기획서는 요점만 정리해 심플하게 작성해도 지장이 없다. A4 1장이면 시간도 많이 걸리지 않기 때문에 기획서 작성 때문에 야근하는 일도 사라진다. '시간을 들여 기획을 짜야 좋은 기획이 나온다', '기획서나 프리젠테이션 자료는 두꺼울수록 좋다'는 사람도 있지만 이는 잘못된 생각이다.

스킬이 10인 사람이 다음 날 20으로 성장한다면야 다음 날까지 기획안에 시간을 할애해도 좋지만, 스킬인 10인 사람은 그 다음 날도 10이다. 1주일 후에도 10이고 한 달 후에도 그대로일 것이다. 그렇다면 다소 덜 꼼꼼한 기획서를 바로 제출하는 편이 업무에 속도가 붙는다.

왜 기획은 완벽하지 않은 상태에서 시작해야 하나?

기획은 완벽하지 않은 상태에서 시작해야 한다

완벽한 기획을 100점 만점이라고 한다면 '10점짜리 기획'으로 시작해 보자. 기획의 완성도보다 '바로 실행에 옮기는 것'이 중요하다. 세부 사항은 실제로 진행하면서 고객의 목소리를 반영해 조정해 가면 된다.

경영지원사업부의 인기 세미나인 '실천 직원 아카데미'는 사토 요시아키(佐藤 義昭) 본부장(현 이사)이 6개월 동안 기획해 진행한 것인데, 처음에는 대략적인 계획만 가지고 시작해 매회 고객의 입장에서 커리큘럼을 수정해 연간 2억 엔 규모의 세미나로 키웠다.

기획서가 길어지는 것은 '이것저것 다 담으려 하기 때문'
이다. 'A4 1장' 분량으로 포인트만 작성하면 된다고 정해 버
리면 요점이 추려져 기획서를 작성하기 쉬워진다.

회의도 포맷화해 긴 회의를 없앤다

회의 보고도 포맷화했다. 이렇게 하면 필요한 것만 단적
으로 보고할 수 있어 시간이 단축된다. 회의는 직책이 낮은
직원부터 다음의 가나다순으로 보고하도록 하고 있다.

회의 포맷

(가) 실적 보고(수치)

매출, 매출 총이익, 신규 건수, 야근 시간 등 구체적
인 수치를 보고한다.

(나) 고객의 목소리

고객에게 칭찬받은 일, 야단맞은 일, 클레임을 공유
한다.

(다) 경쟁사 정보

어떤 경쟁사가 어떤 체제로 어떤 영업 공세를 펼치고

있는가?

(라) 본부, 비즈니스 파트너 정보

　　주로 협력사 정보

(마) 본인과 다른 부원의 생각

　　고객과 경쟁사의 동향을 토대로 마지막에 자신의 의
　　견을 말한다.

　'고객의 목소리'와 '경쟁사 정보'에 관한 보고는 한 건당 'A4 용지에 두 줄'로 분량이 정해져 있다. 길게 쓰면 직원이 거짓말을 하거나 작문을 할 수 있기 때문이다. 내가 알고 싶은 것은 '언제, 어디서, 누가, 무엇을 했느냐?'는 객관적인 사실뿐이기 때문에 두 줄이면 충분하다. 발표 시간도 1분 30초, 2분, 3분, 5분, 최대 7분으로 정해져 있다.

8. 환경 정비를 철저히 해 불필요한 업무를 없앤다

회사의 문화를 공유하기 위한 중점 시책으로 '환경 정비 대책'을 실시하고 있다. 환경 정비란 쉽게 말해 정리정돈을 철저히 하는 것이다. 매일 아침 30분 동안 전 직원이 청소(정리정돈)를 한다(근무시간 내에 한다). 창을 닦고 화장실 청소를 하고 바닥에 왁스를 다시 뿌리는 등 서로 분담해 열심히 쓸고 닦는다. 환경 정리는 우리 회사 경영의 근간이다.

'청소'와 '환경 정비'는 어떻게 다른가?

환경 정비는 객관적으로 보면 그냥 청소지만 본질적으로는 다르다. 청소는 '쓸고 닦아 쓰레기나 먼지 얼룩을 없애는 것'이지만, 환경 정비의 목적은 정리정돈을 습관화해 일하기 좋은 환경을 만드는 것이다. 환경 정비는 '물건', '정보', '생각' 등 모든 것에서 응용할 수 있다.

환경을 정비하면 '일하기 좋은 환경이 된다', '불필요한 일이나 직장에서 불합리한 것들이 사라진다', '다 같이 정리정돈하다 보면 직원들의 가치관이 공유된다' 등 많은 장점이 있다. 지금까지 600개사가 넘는 회원사를 컨설팅 할 때 그 내용의 기본은 환경 정비다(→환경 정비에 대한 상세한 내용은 졸저《매출이 200% 오르는 아침 청소의 힘》(위즈덤하우스)을 참고하기 바란다.)

우리 회사에서는 품의를 웹상에서 승인할 수 있는 '스피드 결재'를 사용하고 있다. 그런데 예전에는 직원들이 품의서를 제출하면 상사, 그 위의 상사, 임원 등 무려 여덟 명의 사인을 거쳐 최종적으로 내가 승인하는 방식이었다. 이렇게 많은 사람의 승인이 필요한 방식은 시간이 걸릴 수밖에 없다. 그래서 지금은 승인 인원을 여덟 명에서 다섯 명으로 축소해

신속하게 업무를 개선할 수 있는 구조로 바꿨다. 이런 발상도 일하기 좋은 환경 정비의 하나다.

정위치 및 정수(定數) 관리로 야근 단축! 좋아하는 술을 여유롭게 마실 수 있다

입사 3년차인 미나카와 마유코(皆川 真祐子) 과장은 '사내 환경 정비로 시간을 단축할 수 있었다'며 환경 정비의 빠른 퇴근 효과를 실감하고 있다.

"저는 예전에 더스킨 홈 서비스(일반 가정을 대상으로 한 서비스)의 루트 세일즈 담당이었습니다. 당시에는 하루에 100곳 가까이 돌아야 했기 때문에 고객들에게 전달해야 할 상품을 찾는 데만도 상당한 시간이 걸렸습니다. 그런데 환경 정비로 어디에 무엇이 얼마만큼 있는지 알기 쉽게 정위치 관리, 정수 관리가 철저히 이루어지다 보니 물건을 찾는 시간이 줄었습니다. 물건 찾는 수고가 줄면 그만큼 고객과의 시간을 늘릴 수 있습니다. 물론 야근 시간도 줄어 일찍 퇴근할 수 있기 때문에 제가 좋아하는 술을 여유롭게 마실 수 있게 됐습니다(웃음)."(미나카와 과장)

"미지급 야근 수당 600만 엔 지불하라!"–퇴사한 전 종업원이 내용증명을 보내오다!

주식회사 FirstDrop(가나가와 현/음식점)은 '하나타레이자카야_역주', 'The Fish & Oysters' 등 인기 있는 음식점을 경영하는 회사이다. 히라오 겐타로(平尾 謙太郎) CEO는 한 사건을 계기로 야근 문제 해결에 본격적으로 나서게 됐다.

"어느 날 갑자기 회사를 그만두고 독립한 전 종업원이 미지급 야근 수당을 지불하라며 내용증명을 보내와 깜짝 놀랐습니다. 그 금액이 무려 600만 엔이었습니다!"(히라오 CEO)

다행히 재판까지 가지 않고 한 푼도 주지 않고 잘 마무리됐지만, 이 사건을 계기로 히라오 CEO는 직원들의 근무 환경을 바꿔야겠다고 마음먹었다.

"기본적으로 음식점은 노동시간 관리가 잘 안 되고 야근 수당도 기껏해야 포괄 야근 수당(종업원의 정확한 야근 시간을 파악하기 어려운 경우 야근 시간을 일률적으로 정해 지급하는 수당)이 있는 정도입니다.

가게 규모가 작아 종업원도 적었던 시절에는 종업원과 함께 술 한 잔 하는 것만으로도 커뮤니케이션이 됐고 소송을 당할 일도 없었습니다. 그런데 점포수가 늘면서(15개 점포)

종업원이 180명이나 되다 보니 그런 식으로는 해결할 수 없어 확실한 제도를 마련할 필요가 있었습니다. 내용증명이 왔을 때는 때마침 우리 회사에서도 신규 졸업자 채용이 시작됐을 무렵이었습니다. 신입사원들을 회사에 정착시키기 위해서라도 야근 문제는 무시할 수 없는 상황이었습니다."(히라오 CEO)

'야근 문제'와 '환경 정비'의 동시 진행 효과

히라오 CEO는 퇴사한 전 종업원으로부터 내용증명이 왔다는 사실을 과감하게 전 직원들에게 공개했다.

"매우 중요한 일이기 때문에 숨기지 않고 공유해야겠다고 생각했습니다. 그래서 저는 전 직원에게 이렇게 말했습니다. "여러분들도 잘 아시는 퇴사한 종업원 ○○씨로부터 미지불 야근 수당으로 600만 엔을 지불하라는 내용의 편지를 받았습니다. 이 600만 엔을 지불하면 여러분이 벌어들인 회사의 이익이 줄어들게 됩니다"라고요. 이렇게 모두 앞에서 밝혔기 때문에 전 종업원이 한 마음이 될 수 있었다고 생각합니다."(히라오 CEO)

FirstDrop은 각 점포의 점장들에게 '신입사원은 9시간 이상 일을 시켜서는 안 된다'고 공지를 내리는 등 노동시간 관리에 착수했다. 이와 함께 환경 정비에도 힘써 직원들이 가치관을 공유하는 데 힘쓰고 있다.

"저희 회사의 경우는 야근 문제와 환경 정비를 동시에 진행하기를 잘 했다고 생각합니다. 환경 정비를 철저히 하면 사장과 직원, 그리고 직원들 사이에 가치관이 공유되고 정보 공유 또한 쉬워집니다. 환경 정비로 회사의 방침이나 저의 결정을 지키는 조직으로 변했다고 생각합니다. 종업원들 중에는 환경 정비에 반발해 회사를 그만둔 사람도 있습니다만, 그 대신 남은 직원들의 연대의식은 높아져 좋은 방향으로 가고 있습니다. 고야마 사장님 말씀대로 요즘 젊은 세대들은 '월급보다 휴일'을 우선하는데, 저는 "월급도 휴일도 많은 음식점"으로 만들어 갈 생각입니다."(히라오 CEO)

PDCA 주기 연습에 가장 좋은 방법

주식회사 이가라시(후쿠이(福井)현/장의 전문 업체)는 장의 및 장의·제사용품 전문 업체이다.

이가라시 게이지(五十嵐 啓二) 사장은 2년 반 전부터 환경 정비에 힘쓰고 있다.

"환경 정비의 정리(버리기)와 정돈(물건의 효율적인 배치)을 철저히 한 덕분에 물건 찾는 시간이 줄었고, 직원들의 커뮤니케이션도 좋아졌습니다. 그리고 무엇보다 직원들이 자발적으로 "이렇게 하면 더 쓰기 편하지 않을까요?"라며 아이디어를 내는 등 업무 개선에 대한 의식이 높아졌습니다.

예를 들어 '무슨 일이 있어도 6시 30분에는 퇴근한다'고 정하면 '어떡하면 될지' 직원들 스스로 생각하게 된 것입니다. 환경 정비가 PDCA계획(Plan)—실행(Do)—점검(Check)—조치(Act) _역주 주기를 연습하는 데 큰 역할을 하고 있습니다."(이가라시 사장)

와코(和幸)공업주식회사(지바 현/자동차 정비업체)는 '자동차 정기검사 코박(KOBAC)'과 '판금 모돌리(modolly)'를 운영하는 자동차 정비업체이다. 자동차 정비나 판금 도장 업무는 '언제까지 해달라'는 고객의 요청이 분명한 데다, 자동차 사고가 언제 일어날지 모르기 때문에 스케줄대로 작업이 이루어지기 어려워 야근을 해야 하는 경우가 있다.

어느 정도 예측이 가능한 일에 자동차 사고가 겹치면 업무량은 늘어날 수밖에 없다. 그렇다고 언제 들어올지 모르는 수리를 위해 인원을 충분히 확보해둘 수도 없다.

"저희 업무는 예정된 일 사이사이에 불쑥불쑥 다른 수리 업무가 들어옵니다. 이럴 때 "지금은 일손이 부족해 어렵습니다"라고 거절하면 고객을 잃을 수 있습니다. 고객이 필요로 할 때 대처할 수 있는 회사가 아니면 회사를 키워 나갈 수 없습니다. 이런 딜레마가 있습니다."(이가라시 다다시(五十嵐正) 사장)

직원들의 '가설 검증 능력'을 단련시키는 환경 정비

물론 이가라시 사장도 손을 놓고 있는 것은 아니다. 포괄 야근 수당 제도를 도입하거나 성수기에는 파트타이머를 늘리는 방식으로 노동 환경 개선에 힘쓰고 있다. 그 결과 3년 전까지는 월 70~80시간이었던 야근이 현재는 40시간까지 줄었다.

"저희 일은 '1시간당 얼마를 버느냐?'가 하나의 지표가 됩니다. 월 총 공임에서 노동시간이 늘어나면 1시간당 작업 공임이 줄어듭니다. 이 지표를 미리 계획에 적용해 '이번 달은 시간당 생산성이 어땠는지' 항상 확인하고 있습니다. 야근이 늘면 늘수록 단가가 떨어지기 때문에 '왜 이번 달은 떨어졌는지' 검증하고 '그럼 어떡하면 떨어지지 않게 할 수 있을까?'라는 가설을 세우고 실행에 옮겨 지표가 더 좋아질 수 있도록 힘쓰고 있습니다."(이가라시 사장)

이가라시 사장은 생산성을 높이는 데(한 시간당 공임을 높이는 데) 환경 정비가 얼마나 효과적인지 실감하고 있다.

"환경 정비의 '일하기 좋은 환경을 정비해 대비한다'는 개념은 생산성을 높여줍니다. 공구 하나만 하더라도 스무 걸음 걸어가야 있는 것과 한두 걸음만 가면 바로 있는 것은 업무 속도에서 차이가 납니다. '지금까지는 혼자서 문 도장을 하는 것이 당연한 일이었지만 둘이서 하면 시간을 더 단축할 수 있을 것'이라는 식으로, 직원들이 자발적으로 다양한 시도를 하게 된 것도 직원들 사이에 환경 정비의 개념이 자리잡았기 때문이라고 생각합니다."(이가라시 사장)

'한 걸음, 1초, 한 공정, 질문 하나' 줄여가는 '꼬치 미야가와(宮川)'

유한회사 미야가와상점(도쿄도/음식점)은 닭고기 전문 도

매점으로 출발해 현재는 '꼬치 미야가와' 체인을 운영하고 있다. 맛집 사이트 등에서도 평가가 높다. '한 걸음, 1초, 한 공정, 질문 하나 줄이기'는 호시 고지(星 浩司) 사장의 생각이다. 직원들은 만보기를 달고 하루의 걸음수를 기록한다. 전날보다 늘었다면 그 이유를 밝혀내야 한다. 스톱워치를 이용해 작업 시간을 재고 '어떡하면 어제보다 5초 앞당길 수 있을지' 고민한다. 이런 가설과 검증을 계속하고 있다.

"저는 업무의 90퍼센트는 루틴 워크(routine work, 매일 반복되는 작업)에 시간을 뺏기고 있다고 생각합니다. 이 루틴 워크의 질을 높이면 생산성이 향상될 것입니다. 그래서 어떤 일에 어느 정도의 시간이 걸리는지 재는 것이 효과적이라고 생각합니다."(호시 사장)

꼬치 미야가와에서는 '도시락 점두 판매'를 하고 있는데, '전날 가설 검증 미팅'에서 나온 다양한 개선책을 매일 아침 바로 실행에 옮기고 있다.

"작업 시간 단축, 인원 감축 및 상품 서비스 향상, 효율화, 비효율 분석에 대해 파트타이머와 아르바이트가 모두 모여 의견을 나눕니다. 종업원들은 '도시락 만드는 시간을 1초라도 줄이고 싶다'는 마음으로 가설 검증을 하기 때문에 화제

가 끊이지 않습니다."(호시 사장)

한 번은 '자투리 시간에 미리 물수건을 봉투에 넣어 두면 시간을 단축할 수 있지 않을까?'라는 가설을 세워 그대로 해 봤더니 실제로 15분 단축됐다고 한다.

"이러한 노력은 제가 지시를 내려서 하는 것이 아닙니다. 점장이나 파트타이머, 아르바이트가 자발적으로 하고 있습니다. 환경 정비를 철저히 했더니 개선에 대한 생각이 자리를 잡은 것 같습니다."(호시 사장)

스텝들의 불필요한 동작이 사라지자 노동 환경도 개선되고 있다. 음식 업계는 노동시간이 길어 사람들이 오래 버티지 못한다. 그래서 호시 사장은 일본 음식 업계에서 노동시간이 가장 짧은 가게로 만들겠다고 마음먹고, '화이트 기업 선언'(주 4.5일 / 23시 완전 마감)을 했다. 환경 개선에 힘쓰기 전에는 8~22시까지 휴식 시간이 없는 상태였지만, 현재는 '시간 내에 끝내도록' 작업의 환경 정비가 진행 중이다.

9. 조직 횡단적인 '일찍 퇴근하기 추진팀'을 만들어 개선 속도를 올린다

천은 날실과 씨실로 짜기 때문에 내구성이 있는 것이다. 회사에도 이른바 날실과 씨실이 필요하다. 회사의 날실은 사업부인데, 많은 회사들이 날실만 있고 씨실은 없어 약체가 되는 것이다. 무사시노에는 씨실도 있는데, 이는 바로 조직 횡단적으로 개선을 추진하는 '사내팀'이다. 총 8개 팀 가운데 일찍 퇴근하기 위해 만들어진 팀이 '일찍 퇴근하기 추진팀'이다. '일찍 퇴근하기 추진팀'이 발족한 것은 2014년인데, 실은 5년 정도 전에도 근무시간 개선을 목표로 한 팀이 있었다. 그런데 당시의 대책은 극히 아날로그적이어서 밤이 되면 팀 멤버들이 각 영업소와 지점을 돌며 "빨리 퇴근하세요"라고 말하는 것이 고작이었다. 거의 성과가 없어 야근은 줄지 않았다.

'매출은 떨어져도 좋으니 야근 시간을 줄여라'라는 지령을 받은 '일찍 퇴근하기 추진팀'

그래서 이번 팀에는 '매출은 떨어져도 좋으니 야근 시간을 줄여라'라는 지시를 내리고, 적극적인 업무 개선을 주문했다. 보안업체와 연계해 '문 닫은 시간'을 수치화한 것도 '일찍 퇴근하기 추진팀'의 실적이다.

예전에 이 팀에 있었던 아사노 다카시(淺野 高志) 과장은 '일찍 퇴근하는 사람'과 '늦게까지 회사에 남는 사람'을 비교해 '성적이 좋은 직원일수록 일찍 퇴근하고 성적이 나쁜 직원일수록 늦게까지 회사에 남아 있다'는 사실을 밝혀냈다. 그리고 '성적이 좋고 야근하지 않는 직원'의 업무 처리 방식을 일반화해 공유한 결과 야근 시간이 줄었다.

'일찍 퇴근하기 추진팀'의 멤버이자 경영지원사업부 부장이기도 한 구보타 마사타카(久保田 將敬) 씨는 '매출이 떨어져도 좋다'는 내 말을 듣고 '일찍 퇴근하는 풍토를 만드는 것이 우리의 미션'이라는 자각이 강하게 들었다고 한다.

"개중에는 '야근을 줄이기 위해 고객의 의뢰를 거절해도 된다'는 말로 잘못 이해한 직원도 있었지만, 사장님이 '매출이 떨어져도 좋다'고 하셨다고 해서 '일을 내팽개쳐서라도 일찍 퇴근만 하면 된다'는 의미는 아닙니다. 매우 어려운 일이지만 야근 시간을 줄이면서 수치를 유지하기 위한 시책을 찾아내는 것이 우리 팀의 역할이라고 생각했습니다."(구보타 과장)

우리가 매출보다 일찍 퇴근하는 것을 우선했던 이유는 '지금 일찍 퇴근하는 문화를 정착시켜 놓으면 단기적으로는 매출이 떨어질지 몰라도 장기적으로는 유리할 것'이라고 판단했기 때문이다. 사람이 재산이다. 직원을 소중히 하지 않는 회사에 미래는 없다. 앞으로의 시대는 '사람을 소중히 하는 회사', '사람이 떠나지 않는 회사'가 살아남는다. 그리고 사람이 떠나지 않는 회사가 되려면 일찍 퇴근하는 문화를 뿌리내리는 것이 급선무이다.

'요즘 젊은이들은 근성이 없어 금세 그만둔다'는 말을 종종 듣는다. 그러나 과연 그만두는 사람들만 잘못일까? 나는 그렇게 생각하지 않는다. 직원이 정착하지 못하는 데는 회사의 책임도 있다. 그래서 '블랙 기업'이라는 오명을 쓰지 않도록 야근을 줄여야 하는 것이다.

횡단팀이 직원들의 의식을 바꿔 야근이 절반으로 줄다

가루모 주공 주식회사(효고 현/알루미늄 가공, 동 합금 주조 전문 업체)도 조직 횡단적인 '야근 개선 위원회'를 발족시키고 야근 시간 단축에 힘쓰고 있다.

다카하시 나오야(高橋 直哉) 사장은 위원회 발족으로 야근에 대한 직원들의 인식이 크게 바뀌었다며 위원회의 효과를 실감하고 있다.

"야근 개선 위원회는 야근 시간을 '1년 동안 월 평균 40시간 이내로 한다'는 목표를 세웠습니다. 각 부문별로 어느 정도 야근을 단축했는지 매월 보고하도록 하고 있습니다. 밤 9시 이후 야근을 금지하고 9시 전에 귀가하기 위해서는 어떡하면 좋을지 구성원들끼리 검토합니다. 이 위원회가 생기고 나서 직원들이 '야근은 문제다', '야근은 악이다'라는 인식을 갖게 됐습니다. 실제로 전년 동월 대비 평균 77시간이던

야근이 직원 한 명당 38시간으로 절반이 줄었습니다."(다카하시 사장)

나고야(名古屋) 안경 주식회사(아이치 현/안경 용품 판매 업체)에서도 '워크 라이프 하모니 팀'이라는 조직 횡단적 팀이 일찍 퇴근하기 운동을 추진하고 있다.

"저희 회사는 일이 없어도 회사에 남아 있는 문화가 있었습니다. 특히 다른 지방에서 와 혼자 사는 직원들은 집에 가도 딱히 할 일이 없기 때문에 회사에 남아 있었습니다. 이런 문화를 바꾸는 방법은 두 가지입니다. 하나는 사장이 일찍 퇴근하라고 강제하는 '경착륙 방식'이고, 나머지 하나는 직원들의 자율성에 맡기는 '연착륙 방식'입니다. '워크 라이프 하모니 팀'은 후자에 해당됩니다. 사장이 강제로 일찍 퇴근하라고 하면 직원들이 반발할 수 있지만, '워크 라이프 하모니 팀'은 노동조합이 아니라 자발적으로 문제를 해결하는 조직이기 때문에 간부와 직원 사이의 대립이 생기지 않습니다."(고바야시 나리토시(小林 成年) 사장)

나고야 안경의 '워크 라이프 하모니 팀'은 '20시 반까지는 귀가한다'는 목표를 세우고 다양한 홍보 활동을 벌이고 있다.

"사내에 프로젝트 팀을 만들어 직원들이 함께 고민합니다. 작은 걸음으로 출발하는 것입니다. 야근 문화를 없애기에는 이것이 가장 쉽지 않을까요? 직원이 몇 만 명 되는 대기업이라면 부문장이나 경영 간부가 어떤 시스템으로 할지 고민하겠지만, 직원이 50명이면 직원들 스스로 자신들의 회사를 만들어가는 것도 가능하다고 생각합니다."(고바야시 사장)

무사시노와 각 기업의 '일찍 퇴근하기 위한 비책'

무사시노가 성과를 올린 9가지 비책

① 상용 고용자에게 아이패드를 지급해 '공중전' 펼치기

② 네트워크 카메라를 설치해 영업소 내를 모니터링한다

③ 21시부터 4시까지 사내 네트워크 접속 금지

④ 사무실 문 닫힌 시간을 확인해 발표한다

⑤ 휴일에 일할 때는 사전에 대체 휴가를 신청한다

⑥ 단순하고 생산성이 낮은 일은 아웃소싱한다

⑦ 기획서는 장황하지 않게 A4 1장에 포인트만 쓴다

⑧ 환경 정비를 철저히 해 불필요한 업무를 없앤다

⑨ 조직 횡단적인 '일찍 퇴근하기 추진팀'을 만들어 개선 속도를 올린다

★ 보안업체와 연계해 '문 닫은 시간'을 수치화
★ '성적이 좋고 야근하지 않는 직원'의 업무 처리 방식을 일반화해 공유

【가루모 주공】
조직 횡단적인 '야근 개선 위원회'에서 밤 9시 이후 야근을 금지했더니 전년 동월 대비 평균 77시간이던 야근이 직원 1인당 38시간으로 절반 단축!

【나고야 안경】
'워크 라이프 하모니 팀'을 결성해 20시 반 퇴근 추진

chapter 04

왜 '의자'를
없애면 야근이
줄까?

1. 사장과 영업직에게 의자는 필요 없다

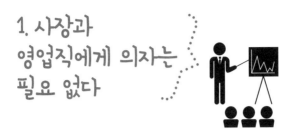

의자를 버렸더니 신기하게도 성적이 오른 과장

일반적으로 직책이 높을수록 현장에서 멀어진다. 책상에 앉아 부하직원을 지도하는 것이 상사의 업무라고 생각한다. 그러나 무사시노는 다르다. 직책이 높을수록 적극적으로 현장에 나간다. 사내에 '우리 회사가 좋아지는 데 필요한 정보'는 하나도 없다. 비즈니스의 씨앗은 오로지 밖(현장)에만 있다.

우리 회사 사장실에 내 의자는 없다.

나는 사장실에서 일할 때 '서서' 한다(책상 다리를 높여 선키에 맞췄다). 나는 무사시노 최고의 영업맨이기 때문에 거의 회사에 없다. 그래서 의자가 필요 없다. 앉는 것은 회의 때 뿐이다.

우리 회사는 영업 과장직 이상 직원도 전용 의자가 없고 공용 의자만 있다. 그래서 사내에 있는 동안은 서서 일한다. 예전에 딱 한 사람, 제3지점의 이시바시 신스케(石橋 伸介) 과장의 영업 성적이 나빴던 시절이 있었다. 그래서 그 이유를 찾던 중 어찌된 일인지 이 과장에게만 의자가 있었다는 사실을 알게 됐다. 그래서 바로 의자를 치우게 했더니 신기하게도 성적이 올라 평가 A를 받았다. 의자와 실적은 밀접한 관계가 있다고 생각한다.

반발에 굴하지 않고 '의자 없애기'를 단행

주식회사 PC 클럽(パソコン倶楽部)(시가(滋賀) 현/중고 PC 판매 업체)는 중고 PC 통신 판매 업체이다.

다케무라 아키히로(竹村 昭広) 사장이 사장으로 취임한 것은 지금으로부터 약 3년 전이다. 연고가 없던 회사에 아르바이트로 입사했다 직원이 됐고 자회사를 창업했다. 이후 그

자회사에서 모회사의 사장으로 취임했다. 업무 효율화를 고민하던 다케무라 사장은 먼저 자신의 책상 의자부터 없앴다. 그러자 직원들은 '황당해 하는 눈치'였다고 다케무라 사장은 말한다.

"저보다 먼저 입사한 직원들 입장에서 보면 나중에 들어온 사람이 사장이 되자마자 엉뚱한 행동을 하는 것으로 비춰졌을 겁니다. 저를 이상한 사람 보듯 했으니까요(웃음). '대체 무슨 의도냐?'는 글이 올라온 적도 있었습니다. 그래도 굴하지 않고 의자 없는 생활을 계속 이어갔습니다. 우리 회사는 사옥이 두 개라 자주 왔다 갔다 해야 해서 가만히 앉아있을 때가 많지 않기 때문에 의자가 필요 없습니다. 게다가 저는 의자가 있으면 마음이 편해져서 일이 늘어지는 버릇이 있었습니다. 5분이면 할 일도 의자에 앉기만 하면 여유를 부려 15분 정도는 걸립니다. 이것만 봐도 의자는 일에 도움이 되지 않습니다."(다케무라 사장)

이전에는 PC 클럽 사무실에 책상과 의자가 직원의 배 가까이로 쓸 데 없이 많았다. 그래서 다케무라 사장은 책상과 의자를 줄이고 '정해진 작업 공간에서 서서 작업한다'는 방침을 내놓았다. 이 방침에 반발해 회사를 그만둔 직원도 있었지만, 그래도 다케무라 사장은 절대 물러서지 않았다.

"책상만 50개는 버린 것 같습니다. 중고 PC는 판매하려면 납땜인두로 수리를 해야 하는데 이런 작업도 지금은 모두 서서 합니다(섬세한 작업이나 컨디션이 안 좋을 때는 앉아도 된다). 의자를 치웠더니 작업 시간이 단축됐습니다. 중고 PC가 들어오면 상태를 확인하고 수리해 제품화한 다음 사진을 찍어 홈페이지에 올리거나 매장에 진열합니다. 이런 일련의 작업도 서서 하다 보니 일 처리가 빨라졌습니다."(다케무라 사장)

의자를 없앴더니 다이어트에 성공?

주식회사 간쓰는 원래 물류 창고업이 중심인 회사였는데, 현재는 배송센터 사업을 중심으로 수주관리 업무 및 소프트웨어 판매, 홈페이지, 맞춤형 인쇄 등 주변 업무로도 사업을 확장하고 있다. 간쓰에서는 종업원 550명 가운데 의자가 있는 직원은 40명뿐이다. 업무 성격상 본사의 경리와 총무(수주관리) 자리에만 의자를 남겨두고 그 외의 현장에서는 의자를 모두 없앴다.

"의자를 없앤 이유는 보기에 안 좋았기 때문입니다. 간쓰에서는 물류 창고를 쇼룸화해 한 달에 한 번 '배우는 창고 견학회'라는 세미나를 실시하고 있습니다. 쇼룸은 고객들에게 보여주는 곳이기 때문에 '의자에 앉아서 일하면 서툴러 보인다! 서서 일하면 멋있어 보이지 않을까?' 하는 생각에서 의자를 없앴습니다.

처음에는 단순히 멋있어 보이기 위해 의자를 없앴습니다만, 작업 효율면에서도 결과적으로 작업 속도가 빨라져 생산성이 올랐습니다. 게다가 일하면서 다이어트에 성공했다는 종업원도 있습니다."(다쓰시로 사장)

다쓰시로 사장은 의자를 없앤 것 외에도 창고 조명을 모두 형광등에서 LED로 교체해 '밝은 창고'로 만들었다.

"교체한 LED 수는 5500개로 총 6000만 엔 들었습니다(웃음). LED로 바꾸면 절전 효과를 기대할 수 있고 무엇보다 고객들의 반응이 달라졌습니다. 창고는 어둡다는 이미지가 있는데 저희 회사는 매우 밝습니다. 게다가 종업원들은 서서 일을 척척 해내기 때문에 고객들의 회사에 대한 인상이 좋습니다. 창고가 밝아지자 창고 견학을 한 고객들로부터 주문이 늘었습니다."(다쓰시로 사장)

의자를 없애면 좋은 점 4가지
서서 일하면 야근도 없애고 활동성이 좋아지고
업무효율도 높아지고 건강도 챙길 수 있다.
사장과 영업직은 의자가 필요없다.

2. 회사에서 의자를 없애면 좋은 점 4가지

사내에서 의자만 없애도 개선이 되는 이유

의자를 없애면 직원들의 성적이 오르는 이유는 주로 다음의 4가지 때문이다.

의자를 없애면 좋은 점 4가지

① 야근이 준다

② '겨울잠 자는 직원'이 준다

③ 건강해진다

④ 변화에 대처하기 쉬워진다

---

① 야근이 준다

계속 서 있으면 피곤하고 피곤하면 빨리 집에 가게 된다. 회사에 자기 의자가 있으면 자료 작성이나 경비 정산 등 업무를 처리할 때 여유를 부리게 된다. 그런데 의자가 없으면 필요한 일을 빨리빨리 처리하게 돼 작업이 효율적으로 진행된다.

의자에 앉아 있다가 일어나 이동하는 것이 빠르겠는가? 아니면 서 있다가 그대로 이동하는 것이 빠르겠는가? 당연히 후자가 빠르다. 자료를 복사해서 바로 확인해야 하는 작업도 서 있을 때가 더 빠르다.

주식회사 이가라시도 환경 정비의 일환으로 불필요한 의자와 책상을 버렸더니 업무 처리 속도가 빨라졌다고 한다.

"의자를 다 버린 것은 아니고 상품관리부의 경우 기존에 네다섯 개나 있던 것을 두 개로 줄였습니다. 상품관리부에서 상품을 포장할 때 앉아서 하면 효율이 떨어집니다. 계속 앉아 있으면 2층으로 갈 때나 상품을 포장하러 가는 것도 부담이 되지만, 서 있으면 바로 움직일 수 있습니다. 아직 의자가 남아 있는 사무실도 있습니다만, 남는 사물함과 책상을 처분했더니 일이 수월해졌습니다."(이가라시 사장)

야근 시간 워스트 1위 점포의 의자를 강제로 치우다

주식회사 마루야마(丸山) 자동차(니가타(新潟)현/자동차 정비업체)는 자동차 정기검사 코박(KOBAC)과 판금 모돌리(modolly) 등 13개 점포를 운영하는 자동차 정비그룹이다.

마루야마 유이치(丸山 勇一) 사장은 의자를 없애 작업을 효율화하는 데 힘쓰고 있는데, 현재 13개 점포 가운데 3개 점포에 의자가 없다. 마루야마 자동차에서는 의자를 없애고 나서 두 가지가 좋아졌다고 한다. ①야근 단축과 ②고객까지의 동선 단축이다.

"예전에는 앉아서 작업을 했는데 아무래도 느긋해져서 야근이 많았습니다. 그래서 의자를 치우고 책상에 서서 업무를 처리하도록 바꿨더니 야근이 줄었습니다. 그 이유는 단순한데 서서 업무를 보면 발이 아프기 때문입니다(웃음). 발이 아프니 일을 빨리 처리하게 돼 일에 기동성이 생겼습니다.

그리고 의자가 있을 때는 고객에게 등을 돌리고 앉는 배치여서 고객과의 거리가 멀었습니다. 그래서 의자를 없애서 일하도록 했더니 동선이 짧아져 접객에 대한 이미지도 좋아졌습니다."(마루야마 사장)

마루야마 자동차는 직원 한 사람 한 사람의 야근 시간을 점포별로 가시화(수치화)한 다음 '야근 시간 워스트 1위' 점포를 대상으로 다음의 세 가지 시책을 실시하고 있다. 시책은 워스트 1위를 몇 번 했느냐에 따라 개선 내용이 달라진다.

- 1회 푹신한 의자를 빼고 나무 의자로 바꾼다 → 엉덩이가 아파 빨리 퇴근하고 싶어진다.
- 2회 의자를 모두 뺀다 → 다리가 아파 빨리 퇴근하고 싶어진다.
- 3회 형광등을 LED로 교체 → 눈이 아파 빨리 퇴근하고 싶어진다.

마루야마 자동차에서는 의자를 없애는 것 외에도 다양한 시책을 실시해 전사적으로 야근 시간을 '월 1900시간 이상' 단축하는 데 성공했다.

② '겨울잠 자는 직원'이 준다

사장과 영업 담당자가 겨울잠 자는 곰처럼 회사에만 틀어박혀 있으면 회사는 좋아지지 않는다. 겨울잠 자는 사장과 직원은 모두 동면굴(=회사) 안에서 바깥(=고객)을 볼 수밖에 없는데 그러면 잘 못 볼 수 있다. 사장과 간부 직원 모두 적극적으로 굴 밖으로 나와 현장을 봐야 한다.

의자가 있으면 편해서 나가고 싶지 않다. 반면 의자를 치우면 회사 안에 편한 곳이 사라진다. 사내에 의자가 없으면 영업 담당자는 당연히 '앉고 싶을 것'이고, 그러면 회사를 나가 영업을 하러 가는 수밖에 없다. 영업을 나가면 차 안에 앉을 수도 있고, 전철에서 앉을 수도 있고 거래처 소파에 앉을 수도 있다. 즉, 우리 회사 영업 담당자에게 고객 방문은 '휴식'이기도 한 셈이다. 가정은 편하고 회사는 편치 않아야 한다는 것이 우리 회사의 철칙이다.

에네진 주식회사(시즈오카(靜岡)현/연료 업체)는 LP가스를 비롯해 에어컨, 주택, 리모델링, 태양광 발전 등의 사업을 하는 회사이다. 예전에는 자칭 '겨울잠 자는 사장'이었던 후지타 겐우에몬(藤田 源右衛門) 사장은 의자를 없애고 나서 회사에 머무는 시간이 크게 줄었다.

"의자가 없으면 일단 다리가 아픕니다(웃음). 의자가 없는 책상에서 일을 하면 1시간도 서 있기 힘듭니다. 결국 현장으로 나가게 돼 회사에 머무는 시간이 줄었습니다. 하마마쓰(浜松) 시에서는 서서 일하는 사장이 드물기 때문에 사회로 나오는 학생들에게 어필이 되는 측면도 있습니다."(후지타 사장)

③ 건강해진다

호주에서 22만 명을 대상으로 실시된 조사에서 '하루에 11시간 이상' 앉아 있는 사람과 '4시간 미만으로' 앉아 있는 사람의 사망 위험성을 비교한 결과 전자가 40퍼센트 높아지는 것으로 나타났다. 그리고 영국과 미국에서도 너무 오래 앉아 있으면 심혈관계 질환이나 당뇨병, 일부 암 등을 일으키는 것으로 보고되고 있다(출처 NHK '클로즈 업 현대' 2015년 11월 11일 방송 '장시간 앉아 있으면 병을 유발한다?'). 장시간 앉아 있으면 건강을 해칠 위험성이 있다는 것이다. 한편 서서 일하면 질병 위험성을 낮출 뿐 아니라 체력을 향상시키는 효과도 있다.

주식회사 모리토(아이치현/개호 용품 제조, 판매, 대여전문 업체)는 개호 리프트 '쓰루베'와 이동 보조 아이템 '이자에몽' 등과 같은 개호 복지 용품의 제조 및 판매를 하는 회사이다. 모리토는 본사와 사이타마 영업소에 의자가 없다. 견적서를 작성하거나 도면을 그리는 등 장시간 사무를 봐야 하는 경우만 의자를 가져다 써도 된다. 단, 영업직에는 의자가 없고 사무직에는 의자가 있다. 의자를 없앤 것은 '영업직원이 사내에 있는 시간을 줄이기 위해서'로, 이시다 가즈히코(石田

和彦) 이사는 '의자를 없애는 것이 건강에도 도움이 된다'고 느끼고 있다.

"저는 등이 구부정하기 때문에 앉아서 일을 하면 허리에 부담이 갑니다. 그런데 서서 일을 하면 등이 펴져서 허리가 편합니다."(이시다 이사)

④ 변화에 대처하기 쉬워진다

서 있는 것보다 앉아 있는 것이 편한 것은 몸이 안정되기 때문이다. 그러나 나는 서 있는 불안정한 상태에 익숙해지면 직원들의 대처능력이 좋아진다고 생각한다. 안정감을 좋아하는 사람은 변화를 싫어한다. 너무 안정돼 있으면 동작이 굼떠지기 쉽다. 우리 회사에 안정이란 없다. 수시로 인사이동이 있고 아침에 지시한 내용이 저녁에 바뀌는 일은 다반사이다. 회사의 규칙이나 방침도 자주 바뀐다.

왜 파이프 의자가 다리 하나에 8000만 엔이나 할까?

사장실에는 내 의자가 없다. 그런데 '이 의자는 다리 하나에 8000만 엔이다'라는 푯말이 붙은 의자가 4개 있다. 실제로

산 가격은 하나에 만 엔도 하지 않는다. 그렇다면 별로 특별할 것도 없는 파이프 의자가 어째서 8000만 엔이 됐을까? 그것은 '과거에 겪은 큰 실패를 잊지 않기 위해서'이다.

나는 신규 사업에 실패해 총 3억2000만 엔의 손실을 입었다. 사업을 철수한 뒤 남은 것이라곤 이 의자 네 개뿐이었다. 그래서 이 실패를 교훈으로 삼기 위해 '하나에 8000만 엔'이라는 푯말을 붙여 놓은 것이다. 이 의자는 나 자신을 다잡기 위해 항상 사장실에 비치해 둔 것인데, 무사시노의 현지 견학 모임에 참석하는 분들께도 공개하고 있다.

지금까지 '의자 없애기'에 대해 소개했는데, 무사시노에서는 전 종업원이 모두 의자가 없는 것은 아니다. 사장, 영업 관련 관리직 이상은 의자가 없지만, 총무나 경리 관련 부서에는 의자가 있다. 항상 다양한 기업의 사장님들에게도 하는 이야기이지만, 의자가 필요한 부서와 없애야 하는 부서를 사장이 업무 성격에 따라 케이스 바이 케이스로 판단하는 것이 중요하다.

chapter 05

퇴사하지 않는

직원

육성법

1. 무사시노의 신입 사원들이 회사를 떠나지 않는 5가지 이유

신입사원 25명 중 퇴직자 제로의 기적

일본 후생노동성이 발표한 '대졸 신규 취업자의 사업소 규모별 이직 현황(2014년 3월 졸업)'에 따르면, 2014년 4월에 입사한 신규 졸업자 신입사원의 1년차까지의 이직률은 12.2%이다. 이 수치는 대기업, 중소기업을 모두 포함한 평균으로, 사업소 규모별로 보면 규모가 작은 회사(종업원 수가 적은 회사)일수록 이직률이 높았다.

사업소 규모별 이직 상황

5명 미만 → 31.3%

5~29명 → 23.1%

30~99명 → 15.8%

100~499명 → 12.1%

500~999명 → 10.3%

1000명 이상 → 7.5%

무사시노의 1년차 직원의 이직률은 다른 중소기업에 비하면 여전히 낮은 편이지만, 야근 대책을 추진하기 전까지(2014년도 이전)는 해마다 몇 명씩 직원들이 1년을 채우지 못하고 회사를 떠났다. 2013년도에는 19명이 입사해 그 가운데 세 명이 사표를 냈다.

그런데 야근 대책을 추진한 후로는 이직률이 크게 개선됐다. 2014년도에는 15명을 채용했는데 1년을 채우지 못하고 퇴사한 직원은 단 한 명뿐이었다. 그나마도 회사나 업무에 대한 불만 때문이 아니라 질병으로 인한 어쩔 수 없는 퇴사였다. 2015년도에는 25명을 채용했는데 한 명도 퇴사한 사람이 없었다(2016년 10월 현재).

신입사원의 정착률을 올리는 5가지 비책

무사시노에서는 신입사원의 정착률을 높이기 위한 다양한 대책을 시행하고 있다. 정착률 향상에 도움이 되는 주요 대책은 다음의 다섯 가지이다.

> ① 관리직 수를 늘려 관리에 틈이 생기지 않도록 한다
> ② 과장직 이상은 3년 정년제로 한다
> ③ 신입사원은 입사 후 1년이 지나면 이동시킨다
> ④ 신입사원에게 인스트럭터와 멘토를 붙인다
> ⑤ 입사 내정자 연수를 실시한다

① 관리직 수를 늘려 '관리에 빈틈이 생기지 않도록' 한다

우리 회사는 관리직(과장직 이상)이 70명이 넘는다. 이는 전 직원의 약 3분의 1에 해당한다. 돌을 던지면 과장이 맞고 던지지 않아도 과장이 맞는다는 곳이 바로 무사시노이다. 이 70명 가운데 과거 7년 이내에 퇴사한 사람은 야기사와 마나부 과장 한 명뿐이다. 그나마도 지금은 재입사해 실질적으로는 제로이다.

관리직이 많은 이유는 두 가지다. 하나는 관리직에 앉히면 책임감이 생기기 때문이다. 다른 회사라면 과장을 달기 어려운 사람도 무사시노에서는 과장 명함을 가질 수 있다. 이렇게 하면 주변에서 보는 눈도 달라지기 때문에 의욕이 생길 수밖에 없다.

두 번째 이유는 부하 직원이 퇴사하지 못하게 하기 위해서이다. 과장 한 명에게 부하직원을 50명이나 맡기는 회사도 있지만, 우리 회사에 50명의 부하 직원을 관리할 수 있을 만큼 우수한 직원은 없다. 과장 한 명당 부하직원은 다섯 명이 기본이다. 부하 직원 수가 적으면 능력이 특출 나지 않아도 부하직원을 맡을 수 있다. 교육에도 신경 쓸 수 있고 가치관을 공유하는 것도 수월하다. 소통도 잘 돼 신입사원이 쉽게 회사를 그만두지 않는다.

일반적으로 사장들은 관리직이 늘어나면 인건비 총액이 올라 손해라고 생각한다. 그러나 이는 회사의 숫자를 제대로 볼 줄 몰라서 하는 소리이다. 우리 회사는 관리직을 늘렸더니 생산성이 올랐고 야근 시간도 줄어 관리직 수당보다 더 많은 이익을 올렸다.

② 과장직 이상은 '3년 정년제'로 한다

중학교에 입학해 야구부에 들어갔다고 치자. 야구부는 선후배 사이의 서열이 엄격해 1학년은 특히 혹독한 훈련을 받는다. 그런데 '앞으로 1년, 앞으로 반 년만 참으면 이 엄한 선배들이 사라진다. 그럼 우리도 선배가 될 수 있다'고 생각하면 견딜 수 있다. 반면 중고등학교가 같이 있는 학교에 6년을 다니면 후배로 지내야 하는 기간이 길어 꽤 오랫동안 힘든 시간을 견뎌야 한다. 그럼 도중에 포기하는 사람도 나올 것이다.

회사도 동아리와 비슷하다. 그래서 우리 회사에서는 '과장직 3년 정년제'를 시행하고 있다. 이동을 자주 하면 관리직이 소화할 수 있는 업무가 많아질 뿐 아니라 부하의 이직 방지에도 도움이 된다. 현재는 싫어하는 과장 밑에서 일하더라도 '길어야 3년이면 다른 부서로 간다'면 부하직원들은 사표를 내지 않고 견딜 수 있다.

③ 신입사원은 입사 후 1년이면 전원 이동시킨다

우리 회사는 직원을 채용할 때 '에너자이저(사람과 조직을 진단하는 도구)'를 사용하고 있다. 구직 활동 중인 학생들을 에너자이저로 진단해 본 결과, '요즘 젊은 사람들은 같은 일을 반복하면 불안해하고 스트레스를 받는 경향'이 있는 것으로 나타났다. 2013년도까지는 같은 일을 계속 시키지 않으면 불안해하고 스트레스를 받는 것이 트렌드였다면, 2014년도 이후로는 트렌드가 정반대가 된 것이다.

그래서 현재 신입사원들에게는 미리 '1년 이내에 인사이동'이 있다고 전달한다. 내가 신입사원 간담회에서 '올해 더스킨 사업부에 입사한 직원들은 1년 이내에 전원 인사이동이 있다!'고 선언하자 모두 "와~ 인사이동이다~!"라며 기뻐했다(직원들 반응에 내심 놀랐다).

지금까지와는 다른 트렌드의 직원들이 들어왔으니 그들에게 맞춰 회사를 바꿔나가야 한다. 그렇게 하지 않으면 회사의 실적뿐 아니라 직원들의 정착률도 오르지 않는다. 기존의 회사 방식에 젊은이들을 맞추려고 하면 실패하게 돼 있다. 그러니 젊은 사람들의 트렌드에 회사를 맞춰야 한다. 이것이 시스템을 만드는 비결이다.

④ 신입사원에게 '인스트럭터'와 '멘토'를 붙인다

신입사원 교육으로는 일반적으로 '부서별로 선배들이 하

는 OJT on the job training, 직속 상사가 작업 현장에서 작업을 통해 개별지도, 교육하는 것_역주'를 많이 한다. 그러나 OJT는 가르치는 선배의 역량에 따라 결과에 차이가 난다.

그래서 무사시노에서는 '인스트럭터 제도'를 도입했다. 각각의 교육 수준(지도하는 직원의 수준)을 맞추기 위해 입사 3년차 직원 중에서 인스트럭터를 뽑아 신입사원 지도를 맡기고 있다. 현재 세 명의 인스트럭터가 25명의 신입사원을 교육하고 있다. 3년차 직원인 미나카와 마유코 과장도 인스트럭터 가운데 한 명이다.

"신입사원과 함께 현장으로 나가 업무를 가르치는 것이 저의 역할입니다. 신입사원들은 아직 일을 익히지 못한 상태이기 때문에 아무래도 퇴근이 늦어집니다. 신입들 중에는 밤 10시가 지나도 일을 끝내지 못하는 경우도 있습니다. 지금은 '늦어도 밤 9시에는 회사를 나가는 것'이 목표입니다. 매일 아침 '오늘은 몇 시에 지점으로 돌아와 몇 시에는 회사를 나가자'고 업무 종료 시간을 정하고, 그러려면 어떻게 하면 좋을지 신입들과 함께 고민하고 있습니다."(미나카와)

3년차 직원에게 인스트럭터를 맡기는 이유는 아무래도 신입사원들과 연령이나 경력 면에서 가깝다 보니 신입들의 고민을 잘 이해할 수 있기 때문이다. 베테랑 직원에게 맡기면 '이 정도는 알겠지' 하고 착각하고 지도라기보다는 일방적인 통보식이 될 가능성이 높다.

한 번은 이런 일이 있었다. 내가 막 입사한 신입사원들을 데리고 고객을 방문했을 때의 일이다. 나는 어느 빌딩 현관에 경쟁사의 발매트가 깔려 있는 것을 보고 옆에 있는 신입사원에게 "저기 있는 현관 매트를 제끼고 오게"라고 말했다. 그랬더니 그 신입사원은 현관까지 달려가 매트 끝을 잡고 말 그대로 젖혀 보였다. 나는 순간 멍해졌다. 왜냐 하면 더스트 콘트롤 업계에서는 '제끼다=라이벌로부터 고객을 빼앗다'라는 의미이기 때문이다. 평소 일상적으로 쓰는 단어이다 보니 나는 당연히 알겠거니 했는데 그렇지 않았던 것이다.

이 일로 나는 '입사 10, 20년 된 베테랑과 신입사원은 차원이 다르고 쓰는 말도 다르기 때문에 직원 교육의 적임자는 신입사원보다 약간만 경험이 많은 직원'이어야 한다는 것을 깨달았다.

그리고 인스트럭터 외에 신입사원에게는 1 대 1로 멘토를 붙이고 있는데, 멘토는 2년차 직원이 맡는다. 멘토는 신입사원들에게는 보호자와 같은 존재이다(멘토에게는 세 달 동안 수당이 지급된다).

현재 멘토를 하고 있는 2년차 직원 가메다 다쿠미(亀田 匠海) 씨는 자신이 신입사원이었을 때 '선배 멘토'가 있었기 때문에 회사를 계속 다닐 수 있었다고 한다.

"무사시노는 교육할 때 '배우기보다 익숙해져라', '실무 먼저, 이론은 나중에'를 강조합니다. 그래서 저는 입사한 지 두 달 만에 강제로 독립을 당했습니다(웃음). 아직 날개가 다 돋지도 않은 신입을 갑자기 둥지에서 내쫓은 거죠. 날개가 없으니 당연히 떨어질 수밖에 없습니다.

저도 계속 실패만 해서 상사에게 엄청 깨졌습니다. "가메다, 자네, 계속 이렇게 정신 못 차릴 거야?"라고 하시더군요. 당연히 기가 죽을 수밖에 없었는데, 그럴 때마다 제 멘토였던 우스이 겐타(臼井 健太) 선배가 제 이야기를 들어주기도 하고, 술 한 잔 하자며 데리고 나간 적도 있습니다. 상사에게는 약한 소리를 못 하지만 멘토인 직장 선배에게는 할 수 있죠. "더 이상 못 하겠어요. 내일은 회사 안 갈 겁니다"라는 말을 얼마나 많이 했는지 모릅니다(웃음). 선배가 제 말을 들어주기도 하고 조언해준 덕분에 지금까지 잘 다니고 있습니다."(가메다)

⑤ 입사 내정자 연수를 실시한다

나는 입사 내정자 교육에 많은 공을 들인다. 내정자는 '환경 정비 연수', '비즈니스 매너 연수', '실행 계획 작성 연수', '세일즈 연수', '내정자 실천 아카데미', '인턴십(사장 수행 업무)', '월급 체계 공부 모임' 등 다양한 공부 모임에 참석해야 한다. 그 덕분에 입사 후 영업 실적에서 선배 직원을 앞서는 신입사원들이 많이 눈에 띄고 정착률도 높아졌다.

입사 전후에 느끼는 차이를 최소화한다

우리 회사는 학생들에게 철저히 '있는 그대로'를 보여주려고 애쓴다. 태풍이 오면 비가 샐 듯한 사옥을 보여주고, 1985년 이후로 위문틀 위로는 청소를 하지 않은 사장실의 일부를 보여준다(창업 당시의 냄새와 분위기를 보존하기 위해 사장실은 환경 정비 대상에서 제외시켰다). 거짓 없는 회사를 보여주고 "무사시노는 이런 회사입니다. 그래도 괜찮으시다면 지원해주세요"라고 말한다. 우리 회사 신입사원들은 '무사시노는 이런 회사'라는 것을 다 알고 입사하기 때문에 입사 후 실망하는 일이 별로 없다. 그래서 회사를 그만두지 않는다.

물론 입사 후 달라지는 것이 있기는 하다. 내정 기간 동안 "당신은 일을 잘 한다고 생각합니까?"라는 내용의 설문 조사를 하면 많은 학생들이 '그렇다'는 적극적인 답변을 한다. 그러나 입사 후 한 달만 지나면 거의 대부분이 "내가 이렇게까지 일을 못 할 줄 몰랐다"며 자신감을 잃는다. 이것도 입사 전후 직원들이 느끼는 차이라면 차이라고 할 수 있다. 이 차이를 메울 수 있도록 도와주는 것이 바로 입사 3년차 인스트럭터와 입사 2년차 멘토이다.

예전의 무사시노는 신입사원 관리에 소홀했다. 그래서 정착률이 낮았다. 그러나 현재는 신입사원들이 입사 전후 느끼는 차이를 없애고 직원들의 의욕을 높일 수 있는 시책을 확충했다. 그랬더니 신입사원의 정착률이 크게 향상됐다.

잘 나가는 회사의 사장 32명이 공개하는
야근 제로 비책 5가지

2. 직원 교육을 담당하던 우수 직원이 퇴사하면 회사에는 '득'이다?

어쩔 수 없이 직원이 떠나도 긍정적으로 생각한다

앞으로는 '사람이 떠나지 않는 회사'가 살아남는 시대이기 때문에 무사시노에서는 단 한 사람도 그만두는 일이 없었으면 한다. 그러나 그만두는 사람은 나올 것이다. 직원 교육에 돈과 시간을 들여 겨우 키워낸 직원이 그만두면 사장들은 대부분 '지금까지 들인 돈과 시간이 헛수고가 됐다'거나, '직원 교육에 돈을 들였는데 그만두고 나가면 손해'라고 생각한다.

그러나 나는 헛수고라거나 손해라고 생각지 않는다. 오히려 직원 교육을 했던 사람이 회사를 나가면 '득'이 된다고 생각한다. 오래 근무해 월급과 직급이 비교적 높은 직원이 그만두면 더더욱 그렇다. 어째서 직원이 그만두면 회사에는 득이 될까? 이유는 다음의 '네 가지'이다.

① 인건비와 교육 연수비가 적게 든다
② 잠재 능력이 높은 직원이 입사한다
③ 사내가 활성화된다
④ 사회에 공헌하게 된다

① 인건비와 교육 연수비가 적게 든다

연봉과 지위가 비교적 높은 직원이 회사를 그만두면 상대적으로 월급이 적은 직원을 뽑아 인건비를 절감할 수 있기 때문에 손익분기점도 낮아진다.

② 잠재 능력이 높은 직원이 입사한다

결원이 생겨 새로 채용하게 되는 직원은 이미 어느 정도의 지식을 갖추고 있기 때문에 수준이 높다. 10년 전 회사의 수준이 10이었다고 하자. 실적이 올라 회사 수준이 20이 됐을 때 A 씨가 회사를 그만뒀다. A 씨 대신 채용한 직원 B 씨는 '이미 회사 수준 20에 걸맞은 인재'라 할 수 있다. 결원 보충 공고를 내면 그 회사 수준에 맞는 사람들이 오기 때문이다. 그럼 A 씨보다 연봉은 낮지만 잠재 능력은 높은 B 씨를 고용할 수 있다. 몇 년 교육하면 B 씨는 A 씨와 같은 일을 할 수 있다. 고참인 부장급은 회사 돈으로 그것도 근무 시간 중에 엑셀 교육을 했지만, 새로 들어오는 직원은 이미 스킬을 갖추고 있다. 학창시절부터 일상적으로 엑셀을 쓰기 때문에 하나부터 일일이 가르칠 필요가 없다.

③ 사내가 활성화된다

자리 하나가 비면 그만둔 직원보다 젊은 직원들이 그 자리로 승격하게 된다. 기회를 얻은 젊은 직원들은 의욕적이 될 수밖에 없다.

④ 사회에 공헌하게 된다

무사시노는 직원 교육을 철저히 하기 때문에 우리 회사에서 단련된 직원이 다른 회사로 가면 충분히 제 역할을 할 가능성이 높다. 이는 훌륭한 사회 공헌이라 할 수 있을 것이다.

3. 더블 캐스팅으로 직원층을 두텁게 만들자

중소기업은 뮤지컬에서 배우자

20여 년 전 브로드웨이에서 뮤지컬 〈캐츠〉를 관람한 적이 있다. 캐츠는 더블 캐스팅(주요 배역을 두 명 이상 캐스팅하는 것)으로 롱런 공연을 이어갔다. 더블 캐스팅은 '배우의 체력이나 스케줄을 고려할 수 있다', '다른 일을 하는 배우가 연습에 못 나와도 더블 캐스팅된 다른 배우가 있으면 연습에 지장을 주지 않는다', '만의 하나 한 명이 질병 등의 이유로 중도 하차하게 되더라도 공연을 이어갈 수 있다', '같은 역을 맡은 배우들끼리 경쟁이 돼 퀄리티가 올라간다' 등의 장점이 있다.

나는 중소기업도 뮤지컬처럼 직원을 더블 캐스팅해야 한다고 생각한다. 더블 캐스팅을 하면 직원이 갑자기 아파 병가를 내더라도 일이 중단되지 않는다. 정체된 작업에 힘을 보탤 수도 있고 시간도 단축할 수 있다. 우리 회사에서는 직원들을 '강제적으로 쉬게 하기 위해' 장기 유급 휴가 제도를 만들었다. 과장급 이상은 월말부터 월초에 걸쳐 '9일 연속 유급 휴가'를 내게 한다(휴가 중 일을 하면 시말서를 제출해야 한다).

월말 월초는 어디든 바쁘기 때문에 구멍이 생기면 누군가는 그 구멍을 메워야 한다. 부장이 쉬면 과장이 부장을 대신해야 하고 과장이 쉬면 일반 직원이 과장을 대신해야 한다. 이렇게 하면 직원층이 두터워져 더블 캐스팅이 자연스럽게 이루어진다. 인사이동 때마다 현장이 혼란스러워지는 것은 모두 1인 1역만 하고 있기 때문이다. 모든 부서에서 더블 캐스팅하는 시스템을 만들면 언제든 상황에 맞춰 인사이동을 할 수 있다.

앞에서도 밝혔듯이 우리 회사의 경리 부문에는 직원이 세 명밖에 없다(2년마다 담당자 교체). 한 사람은 출금 담당이고 다른 한 사람은 입금 담당과 업무를 나누고 있다. 나머지 한 사람은 파트타이머로 보조 업무를 하고 있다. 1년이 지나면 입금 담당과 출금 담당을 맞바꾼다(출금 담당자가 입금 담당자가 된다). 이렇게 역할을 바꾸는 이유는 부정 방지와 야근 단축이다. 일이 많지 않은 사람이 많은 사람을 서포트할 수 있기 때문에 업무를 빨리 끝낼 수 있다.

신입사원도 성과를 낼 수 있도록 철저히 시스템화 한다

2009년에 파트타이머가 집중돼 있는 콜센터가 '사업부 상'을 수상했다. 상을 수상한 비결은 콜센터 전원을 더블 캐스팅/트리플 캐스팅해 한 가지 업무를 여러 명이 소화할 수 있도록 한 점이다. 이렇게 하자 월 평균 80시간이었던 야근을 '월 10시간'까지 줄인 적도 있다.

무사시노의 강점은 뭐니 뭐니 해도 종합력이다. 야구에 비유하자면 '중간층의 선수가 빈 틈 없이 1번부터 9번까지 꽉 찬 팀'이라고 할 수 있다. 게다가 벤치에 1군과 비슷한 수준의 선수가 있기 때문에 1군 중 누가 다치더라도 전력이 흔들리지 않는다. 그리고 한 선수가 여러 포지션을 소화할 수 있기 때문에 공백이 없다.

매뉴얼과 더블 캐스팅 시스템만 확고하면 무서울 것이 없다. 지금 있는 업무의 '시스템화, 매뉴얼화, 더블 캐스팅화'를 철저히 하면 신입사원도 이전보다 짧은 시간에 베테랑과 비슷한 성과를 낼 수 있다.

4. 강한 직원으로 키우려면 일찍부터 '양'을 할당한다

직원 교육에서 중요한 것은 질보다 양

나는 직원 교육에서 '질'을 요구하지 않는다. 특히 신입사원 교육은 '질보다 양'이 정답이라고 생각한다. 예를 들어 매우 훌륭한 '초보자용 자전거 교본'이 있다고 치자. 훌륭하다는 것은 이 책에 쓰인 내용의 '질'이 높다는 이야기이다. 그럼 자전거를 한 번도 타 본 적 없는 사람이 이 책을 보기만하면 자전거를 탈 수 있는가? 그렇지 않다. 지식만 쌓고 실제로 타보지 않으면 불가능하다. 처음에는 보조 바퀴가 달린 상태에서 자전거를 타고 익숙해지면 보조 바퀴를 빼고 때로는 넘어지면서 계속 연습해야 한다. 이렇게 경험을 쌓으면서 조금씩 터득해 가지 않으면 자전거는 탈 수 없다.

신입사원 교육도 양, 즉 경험의 양이 중요하다. 신입사원에게 개념이나 이론, 논리를 설명한다고 일을 잘 하지 않는다. 작고 간단한 일이라도 자꾸 시켜서 조금씩 체득하게 하는 수밖에 없다. 질은 원한다고 손에 쥘 수 있는 것이 아니다. 질은 양이 쌓여야 비로소 손에 넣을 수 있는 것이다. 양이 어느 정도 이상 쌓이면 질은 자연히 따라온다.

그렇다면 간단한 일부터 자꾸 맡기는 것이 옳은 교육이다. 양을 우선하는 것이 훨씬 직원을 성장시킨다. '프롤로그'에서 소개했던 구키노 아쓰노리 부장과 고바야시 데쓰야 부장은 현재 간부로서 제 역할을 잘 해주고 있다. 그들이 실력을 쌓을 수 있었던 것은 더스킨 사업부가 '블랙 사업부'라 불리던 시절 엄청난 양의 일을 했고, '일본경영품질상' 도전을 계기로 수많은 직원 교육을 받아왔기 때문이다.

호쿠료 주식회사의 가사이 사장은 예전에 외국계 회사에 다녔을 때 '자는 시간도 아까워서 다른 사람들의 두세 배의 일을 했다'고 한다.

"저는 빨리 자리를 잡고 싶다는 생각이 강했습니다. 항상 맡겨지는 창조적인 일이 재밌어서 자는 시간이 아까울 정도였습니다. 새벽부터 밤 12시경까지 일하고 기절하듯 잠들었다 다음 날 아침에 눈을 뜨면 내가 아직 살아 있구나 하는 생각이 들곤 했습니다(웃음). 다른 사람들의 몇 배는 일을 했기 때문에 일에 대한 흥미나 탐구심은 충분히 채워졌습니다. 젊을 때 무리를 했더니 일의 효율이 오른 것은 사실입니다.

저도 고야마 사장님처럼 '양을 채우지 않으면 질은 변하지 않는다'고 생각합니다. 하지만 제가 젊었을 때의 방식이 지금 젊은 직원들에게 통할 리 없습니다. 그러니 제 방식을 무조건 밀어 붙여서는 안 됩니다. 양을 할당하되 장시간 노동이 되지 않도록 시간을 관리해야 합니다. 그렇게 하기 위해서는 어떻게 하면 좋을지 고민하고 있습니다."(가사이 사장)

어째서 '회식'이 늘수록 야근은 줄까?

상사와 부하직원의 커뮤니케이션도 횟수, 즉 양이 중요하다. 야근 문제는 직원들의 협조가 없으면 개선하기 어렵기 때문에 사내 커뮤니케이션을 잘 해야 한다. 주식회사 와타나베쥬켄의 와타나베 사장은 직원들을 술로 낚아 야근을 줄이는 재미있는 방법을 쓰기 시작했다.

"오후 3시쯤 채팅 창에 갑자기 '오늘 오후 6시부터 한 잔할 수 있는 사람 있으면 사장이 한 턱 쏩니다. 선착순 6명'이라고 올립니다. 그럼 공짜 술을 마시고 싶은 직원들은 어떻게든 그 시간까지 일을 마치려고 합니다(웃음). 한 번은 인원을 제한하지 않았더니 15명이나 모인 적도 있습니다. 사장과 직원이 함께 술을 마시면 사이도 가까워지고 야근도 줄어 일석이조입니다. 야근을 하지 않는 직원에게는 좋은 일이 생기는 분위기를 만드는 것이 중요합니다."(와타나베 사장)

30시간 이상 야근하는 직원은 개별 면담

야마다 유니아 주식회사(시즈오카현/청소, 설비, 조경, 빌딩 관리)의 야마다 미쓰히로(山田 充浩) 사장은 야근이 월 30시간이 넘는 직원은 지점장(시미즈(清水), 시즈오카, 후지(富士), 구마모토)이 개인 면담을 하도록 하고 있다.

"매월 전 직원의 출퇴근 시간 데이터를 받아 야근 시간을 체크하고 있습니다. 30시간이 넘는 직원은 데이터에 빨갛게 표시가 되고, 이렇게 표시된 직원은 한 달에 한 번 지점장과 면담을 해야 합니다. 30시간 이상 야근하는 직원들은 '자기만의 스타일이 분명'하고 '스스로 일을 만든다'는 공통점이 있습니다."(야마다 사장)

효율적으로 진행하면 빨리 끝날 수 있는데 하지 않아도 되는 일까지 하려 들기 때문에 야근을 하게 되고 결과적으로 일도 늦어진다. 정기적인 면담을 통해 일이 늦어지는 원인을 찾아내는 것이 야마다 사장의 목적이다.

"면담에서는 일의 진척 상황이나 근무 상황을 살펴보고 어째서 야근 시간이 길어졌는지 그 원인을 찾아 개선해갑니다. 관리직(관리 감독자)는 야근수당은 없지만 타임카드의 복사본을 제출 받아 '휴가를 내지 못 하는 이유'와 '늦게까지 일하는 이유'를 찾아 개선하도록 지도하고 있습니다. 면담을 시작한지 아직 6개월 정도밖에 되지 않았지만, 그래도 30시간 이상 야근하는 직원 수는 확실히 줄었습니다."(야마다 사장)

잘 나가는 회사의 '사장 32명'이 공개하는 '야근 제로' 비책 5가지

이 책에서 소개한 32개사의 사장에게 '야근을 줄일 때 중요한 것'을 묻는 질문에서 가장 많았던 답변이 바로 여기서 소개하는 '다섯 가지'이다. 야근 문제를 해결하고 싶다면 이것부터 시작해 보자.

1. 사장이 강한 '결단'을 보인다

야근이 줄고 안 줄고는 사장의 결단에 달렸다. 야근을 줄이려면 '야근을 방치하는 사장은 범죄자나 다름없다'는 생각으로 '야근을 줄이겠다'는 결단을 내려야 한다. 직원들이 반발하고 저항 세력이 생겨도 절대 물러서지 않겠다는 강한 결의를 가지고 야근 문제에 파고드는 자세가 중요하다.

"야근 문제뿐 아니라 회사를 변화시키는 일은 사장 스스로 '무슨 일이 있어도 반드시 한다!'는 의지가 없으면 절대 성공할 수 없습니다."(주식회사 마키노사이텐/마키노 마사요시 사장)

"야근을 없애려면 사장의 결의를 '숫자'로 제시할 필요가 있습니다. 우리 회사에서는 경영 계획서에 '월 100시간 이상 일을 해서는 안 된다'고 명문화했습니다."(주식회사 프리마베라/요시카와 미쓰히데 사장)

2. 퇴근 시간을 '체크'한다

사장이 "일찍 퇴근해라"라고 말해도 직원들은 듣지 않는다. 원래 사람들은 하란다고 다 하지 않는다. 어찌 보면 그게 정상이다. 직원들은 항상 누군가 확인하고 있다고 생각하기 때문에 움직인다. 타임카드로 사무실 문을 닫은 시간을 확인한다.

야근 신청서를 제출하게 해 야근하는 이유를 확인하고, 상사와 부하가 정기적으로 면담해 '야근하지 않고 일찍 퇴근하는지' 확인한다. 이렇게 사장의 결정이 제대로 지켜지는지 확인해야 한다.

"밤 10시 이후에는 회사에 남을 수 없도록 네트워크 카메라를 설치하고 사무실에 사람이 남아 있지 않은지 확인하도록 하고 있습니다."(랜드마크 세무법인/세이타 유키히로 대표)

"마감 후에도 남아서 일을 하는 것이 일상이 되었고 밤 12시까지 남아 일하는 직원도 있었습니다. 그래서 보안업체로부터 매달 데이터를 받아 문 닫은 시간을 확인하도록 하고 있습니다."(주식회사 리큐어 스페이스 다이요/미노 사토히로 사장)

"사전 야근 신청, 타임카드를 철저히 확인하고 있습니다. 그리고 야근을 상여금 평가에 연동시켜 야근이 많아지면 상여금이 줄어드는 규정을 만들었습니다. 신청서에 야근하는 이유를 명시하도록 했더니 일하는 척하는 일이 사라지고 야근하는 직원이 줄었습니다."(주식회사 스에요시 네임 플레이트 제작소/누마카미 마사노리 사장)

3. '종료 시간'을 정한다

업무 관리에서 중요한 것은 종료 시간을 확실히 정하는 것이다. 종료 시간을 정하면 집중해서 일하게 되기 때문에 짧은 시간에 질 높은 일을 할 수 있다. 그리고 종료 시간이 정해지면 짧은 시간 내에 지금까지와 같은 성과를 내려면 어떡하면 좋을지 고민해 업무 처리 방식을 개선하게 된다.

"간부 직원도 밤 8시에는 무슨 일이 있어도 회사를 나가야 합니다. 어쩔 수 없이 야근을 해야 할 때는 야근 신청서를 반드시 제출하도록 의무화했습니다."(후루카와시코주식회사/후루카와 마코토 사장)

"'내일부터 정시에 퇴근한다'는 결정을 내려도 바로 실행에 옮기는 것은 불가능합니다. 그래서 '하루에 1분만이라도 어제보다 일찍 퇴근하자'는 목표를 세웠습니다. 실시한 지 세 달 만에 밤 8시 반에는 퇴근할 수 있는 회사가 됐습니다."(주식회사 ISO 종합 연구소/야마구치 노리아키 사장)

4. 가치관을 공유한다

능력 있는 직원을 모아놔도 가치관이 공유되지 않으면 조직은 결속력을 잃게 된다. 사장이 결정을 내리면 직원들은 이를 실행에 옮겨야 한다. 사장과 같은 감성으로 가치관을 공유할 수 있는 직원이 많을수록 야근 문제는 큰 어려움 없이 해결해갈 수 있다. 회식, 면담, 공부 모임 등을 자주 해 왜 야근을 줄여야 하는지 직원들에게 인식시킬 필요가 있다.

"야근이 월 평균 77시간에서 38시간까지 준 이유는 직원들이 가치관을 공유했기 때문입니다. 환경 정비와 경영계획서를 통해 가치관을 공유했던 것이 가장 컸다고 생각합니다."(가루모 주공 주식회사/다카하시 나오야 사장)

"야근이 월 30시간이 넘는 직원은 한 달에 한 번 지점장과 면담을 해야 합니다. 면담에서는 일의 진척 상황을 살펴보고 '어째서 야근 시간이 길어졌는지' 그 원인을 찾아 개선해갑니다."(야마다 유니아 주식회사/야마다 미쓰히로 사장)

5. 정리정돈을 한다

'정리'란 버리는 것이다. 정리하는 습관이 들면 어떤 일을 우선하고 어떤 일은 하지 않아도 되는지 정확하게 판단할 수 있게 돼 불필요한 작업이 사라진다. 그럼 당연히 일이 일찍 끝난다.

'정돈'이란 물건을 효율적으로 배치하는 것. 항상 같은 곳에 같은 상태로 물건이 놓여 있기 때문에 찾는 시간을 절약할 수 있다.

정돈이 몸에 배면 업무의 우선순위를 정하는 데 도움이 되고 업무를 균일화할 수 있다.

"환경 정비의 '일하기 좋은 환경을 정비해 대비한다'는 개념은 생산성을 높여 줍니다. 공구 하나만 보더라도 스무 걸음 가야 있는 것과 한두 걸음만 가면 바로 있는 것은 업무 속도에서 차이가 납니다."(와코공업주식회사/아가라시 다다시 사장)

"환경 정비의 정리와 정돈을 철저히 한 덕분에 물건 찾는 시간이 줄었고, 직원들의 커뮤니케이션도 좋아졌습니다. 그리고 무엇보다 직원들이 자발적으로 '어떻게 물건을 배치하면 쓰기 좋을지', '이렇게 하면 더 쓰기 편하지 않을까?' 라며 아이디어를 내 업무가 개선되고 있습니다."(주식회사 이가라시/이가라시 게이지 사장)

사람을 소중히 하는
회사가 살아 남는다

나는 현재 일본 전역의 700개사 넘는 회사를 컨설팅하고 있는데, 이번에 소개한 32개사의 성과를 보면서 솔직히 놀랐다. 칭찬하고 싶은 부분은 '철저한 모방(TTP)'이다. 이것이 바로 나의 모토다. 만일 우리 회사의 컨설팅을 받는 회원사의 개선 사례 중에서 좋은 것이 있으면 나는 주저하지 않고 철두철미하게 모방한다. 다시 말해 현장에 컨설팅을 하러 가서 현장에서 배운 것을 우리 회사 경영에 활용한다는 말이다. 이것을 매일 같이 반복하고 있다.

2014년도부터 무사시노가 추진해 온 생산성 향상, '야근 제로'를 위한 노력은 정말 작은 것에서 시작됐다. 큰 것을 하려고 욕심을 내서는 안 된다. 먼저 아주 작은 한 걸음을 간부, 직원들과 함께 내딛는 것이 중요하다. 성과는 급할 것 없다. 단, 속도는 계속 올려가야 한다.

제3장에서 우리 회사가 2년 여 만에 인건비를 1억5000만 엔 절감하는 데 성공했다고 소개했는데, 중요한 핵심 포인트만 뽑아 놓은 것이 바로 권말 스페셜의 '다섯 가지 비책'이다. 솔직히 '그렇게 빨리 잘 될 리가 없지'라고 생각했었는데, 몇 가지 대책을 동시 다발적으로 추진했더니 예상보다 빨리 변화가 나타나기 시작했다! 각 부서로부터 보고를 들을 때마다 "정말?"이라는 말을 얼마나 되풀이했는지 모른다. 가장 놀란 것은 다름 아닌 나였다!

앞으로의 시대는 직원의 희생을 전제로 한 경영은 안 된다. 사람을 소중히 하는 회사만이 살아남을 수 있다. 독자 여러분들도 속는 셈 치고 이 책에서 소개한 것 중에서 하나라도 시작해보기를 바란다. 성과는 반드시 나타날 것이다. 그러면 직원들이 자신감을 갖게 되고 회사는 크게 변화할 것이다. 마지막까지 읽어주신 여러분께 감사드린다.

주식회사 무사시노 대표이사 사장 고야마 노보루

부동산 / 재테크 / 창업

장인석 지음 | 16,000원
312쪽 | 152×224mm

5년을 내다보는 부동산 전략50
탐나는 부동산 어디 없나요?

이 책은 현재의 내 자금 규모로, 어떤 위치의 부동산을 언제 살 것인가에 대한 탁월한 분석을 펼쳐보여 준다. 동시에 '어떻게' 그것을 가능하게 할 것인가의 방법론에 대한 신박한 제안을 하고 있다. 월세탈출, 전세탈출, 무주택자 탈출을 꿈꾸는, 꼬박꼬박 월세 받으며 여유로운 노후를 보내고 싶은 사람들을 위한 확실한 부동산 투자 지침서가 되기에 충분하다.

나창근 지음 | 15,000원
302쪽 | 152×224mm

나의 꿈,
꼬마빌딩 건물주 되기

'조물주 위에 건물주'라는 유행어가 있듯이 건물주는 누구나 한 번은 품어보는 달콤한 꿈이다. 자금이 없으면 건물주는 영원한 꿈일까? 저자는 현재와 미래의 부동산 흐름을 읽을 줄 아는 안목과 자기 자금력에 맞춤한 전략, 꼬마빌딩을 관리할 줄 아는 노하우만 있으면 부족한 자금을 충분히 상쇄할 수 있다고 주장한다. 또한 액수별 투자전략과 빌딩 관리 노하우 그리고 건물주가 알아야 할 부동산지식을 알기 쉽게 설명한다.

박갑현 지음 | 14,500원
264쪽 | 152×224mm

월급쟁이들은 경매가 답이다
1,000만 원으로 시작해서 연금처럼 월급받는 투자 노하우

경매에 처음 도전하는 직장인의 눈높이에서 부동산 경매의 모든 것을 알기 쉽게 풀어낸다. 일상생활에서 부동산에 대한 감각을 기를 수 있는 방법에서부터 경매용어와 절차를 이해하기 쉽게 설명하며 각 과정에서 꼭 알아야 할 중요사항들을 살펴본다. 경매 종목 또한 주택, 업무용 부동산, 상가로 분류하여 각 종목별 장단점. '주택임대차보호법' 등 경매와 관련되어 파악하고 있어야 할 사항들도 꼼꼼하게 짚어준다.

나창근 지음 | 15,000원
296쪽 | 152×224mm

꼬박꼬박 월세 나오는
수익형부동산 50가지 투자비법

현재 (주)리치디엔씨 이사, (주)머니부동산연구소 대표이사로 재직하면서 [부동산TV], [MBN], [한국경제TV], [KBS] 등 방송에서 알기 쉬운 눈높이 설명으로 호평을 받은 저자는 부동산 트렌드의 변화와 흐름을 짚어주며 수익형 부동산의 종류별 특성과 투자노하우를 소개한다. 여유자금이 부족한 투자자도, 수익형 부동산이 처음인 초보투자자도 확실한 목표를 설정하고 전략적으로 투자할 수 있는 혜안을 얻을 수 있을 것이다.

이형석 지음 | 18,500원
416쪽 | 152×224mm

빅데이터가 알려주는 성공 창업의 비밀
창업자 열에 아홉은 감으로 시작한다

국내 1호 창업컨설턴트이자 빅데이터 해석 전문가인 저자가 빅데이터를 통해 대한민국 창업의 현재를 낱낱이 꿰뚫어 보고, 이에 따라 창업자들이 미래를 대비할 수 있는 전략을 수립하게 한다. 창업자는 자신의 창업 아이템을 어떤 지역에 뿌리를 두고, 어떤 고객층을 타깃화해서 어떤 비즈니스 모델을 정할 것인지 등 일목요연하게 과학적으로 정리해 볼 수 있을 것이다.

주식/금융투자

북오션의 주식/금융 투자부문의 도서에서 독자들은 주식투자 입문부터 실전 전문투자, 암호화폐 등 최신의 투자흐름까지 폭넓게 선택할 수 있습니다.

박대호 지음 | 20,000원
200쪽 | 170×224mm

고양이도 쉽게 할 수 있는
가상화폐 실전매매 차트기술

이 책은 저자의 전작인 《암호화폐 실전투자 바이블》을 더욱 심화시킨, 중급 이상의 투자자들을 위한 본격적인 차트분석서이다. 가상화폐의 차트의 특성을 면밀히 분석하고 독창적으로 체계화해서 투자자에게 높은 수익률을 제공했던 이론들이 고스란히 수록되어 있다. 이 책으로 가상화폐 투자자들은 '코인판에 맞는' 진정한 차트분석의 실제를 만나 볼 수 있다.

박대호 지음 | 20,000원
200쪽 | 170×224mm

개념부터 챠트분석까지
암호화폐 실전투자 바이블

고수익을 올리기 위한 정보취합 및 분석, 차트분석과 거래전략을 체계적으로 설명해준다. 투자자 사이에서 족집게 과외·강연으로 유명한 저자의 독창적인 차트분석과 다양한 실전사례가 성공투자의 길을 안내한다. 단타투자자는 물론 중·장기투자자에게도 나침반과 같은 책이다. 실전투자 기법에 목말라 하던 독자들에게 유용할 것이다.

조한준 지음 | 20,000원
192쪽 | 170×224mm

ICO부터 장기투자까지
가상화폐 가치투자의 정석

이 책은 가상화폐가 기반하고 있는 블록체인 기술에 대한 이해를 기본으로 하여 가상화폐를 둘러싼 여러 질문들과 가상화폐의 역사와 전망을 일목요연하게 다뤄준다. 예제를 통해서 가치투자는 어떻게 해야 하는지를 알려주고, 대형주, 소형주 위주의 투자와 ICO투자의 유형으로 나누어 집중적으로 분석해준다. 부록의 체크리스트도 가치투자에 활용해 볼 수 있다.

최기운 지음 | 18,000원
424쪽 | 172×245mm

10만원으로 시작하는
주식투자

4차산업혁명 시대를 선도하는 기업의 주식은 어떤 것들이 있을까? 이제 이 책을 통해 초보투자자들은 기본적이고 다양한 기술적 분석을 익히고 그것을 바탕으로 향후 성장 유망한 기업에 투자할 수 있는 밝은 눈을 가진 성공한 가치투자자가 될 수 있다. 조금 더 지름길로 가고 싶다면 저자가 친절하게 가이드 해준 몇몇 기업을 눈여겨 보아도 좋다.

곽호열 지음 | 20,000원
260쪽 | 172×235mm

초보자를 실전 고수로 만드는
주가차트 완전정복 전면개정판

이 책은 주식 전문 블로그 〈달공이의 주식투자 노하우〉의 운영자 곽호열이 예리한 분석력과 세심한 코치로 입문하는 사람은 물론 중급자들이 놓치기 쉬운 기술적 분석을 다양하게 선보인다. 상승이 예상되는 관심 종목 분석과 차트를 통한 매수·매도타이밍 포착, 수익과 손실에 따른 리스크 관리 및 대응방법 등 주식시장에서 이기는 노하우와 차트기술에 대해 안내한다.